致敬译界巨匠许渊冲先生

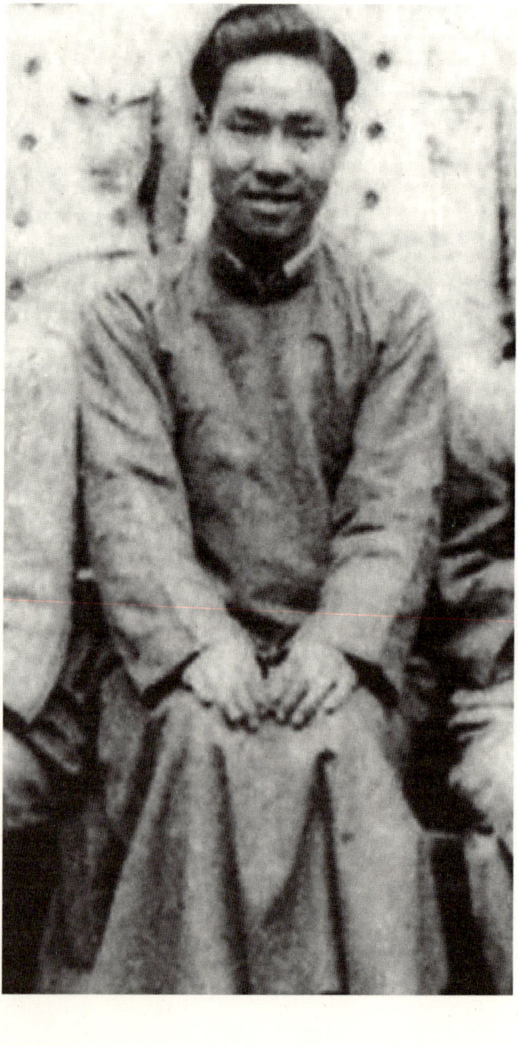

许渊冲译苏东坡诗词

SELECTED POEMS OF SU DONGPO

| 许渊冲 译　　湘人彭二 编选 |

中国出版集团
中译出版社

前言

苏轼(1037—1101),别号东坡(东坡居士),是我国宋代最著名的诗人。林语堂在《苏东坡传》序言中说:像苏东坡这样富有创造力,这样刚正不阿,这样放任不羁,这样令人万分倾倒而又望尘莫及的高士,是人间不可无一、难得有二的。苏东坡有其迷人的魅力,犹如魅力之在女人,美丽芬芳之在花朵。苏东坡的人品,具有一个多才多艺的天才的深厚、广博,有高度的智力,有天真烂漫的赤子之心——正如耶稣所说"具有蛇的智慧,还兼有鸽子的温柔敦厚"。在这些方面,其他诗人是不能望其项背的。这些品质汇聚于一身,是天地间的凤毛麟角,不可能多见的。他保持天真纯朴,终身不渝。他的诗词文章,都是自然流露,顺乎天性,正如他所说的"春鸟秋虫之声"。从他的笔端,我们能听到人类情感之弦的振动,有喜悦,有愉快,有梦幻的觉醒,有顺从的忍受。苏东坡会因事发怒,但是他却不会恨人。因为恨别人,是自己无能的表现。苏东坡并非才不如人,因此也从不恨人。他的一生是载歌载舞,深得其乐,忧患来临,一笑置之。从佛教的否定人生,儒家的正视人生,道家的简化人生,这位诗人在心灵识见中产生了他混合的人生观。这一生,他只是永恒在刹那的一个微粒,他究竟是哪一个微粒,有何关乎重要?生命毕竟是不朽的、美好的。所以他尽情享受人生。这就是林语堂眼中的旷古奇才苏东坡。

宋仁宗景祐三年（1036）十二月十九日，苏轼生于四川眉山，按公历算，应该是1037年1月8日。他从小在家中受到父母教养。1056年，他随父亲苏洵（1009—1066）进京（汴梁，今开封，当时是全世界最大的都市），和弟弟苏辙（子由，1039—1112）一同应试开封举人，兄弟二人同中其选。第二年应礼部试，苏轼得到欧阳修的赏识，名列第二。苏辙也同时进士及第，父子兄弟名扬京师，人称"三苏"。1061年苏轼任凤翔判官，后来又在各地任职，所以他的踪迹遍及大江南北。

1056年，东坡同子由进京时经过渑池，住在一座古庙中，曾和老僧谈禅，兄弟两人都在墙壁上题写了诗句。五年后东坡再经过渑池去凤翔，又在庙中借宿，但是老僧已死，墙壁已坏，诗句也无踪影。东坡不禁感慨系之，就写了著名的《和子由渑池怀旧》：

人生到处知何似，应似飞鸿踏雪泥。
泥上偶然留指爪，鸿飞那复计东西。

他把人生比作鸿爪在白雪和污泥上留下的印痕，白雪指光明的一面，污泥指阴暗的一面。老僧谈禅，古庙题诗，这是人生的乐事；物是人非，壁坏诗毁，不免令人感慨。但是新塔已成，正是佛家圆寂轮回的体现；旧诗更新，更是生生不息的象征。因此对于人生的新旧更替，应该像飞鸿对雪泥一样，随遇而安。从此以后，雪泥鸿爪就成了常用的习语，飞鸿也成了苏东坡的形象，正如大鹏成了李白的象征一样。而在西方，则有华兹华斯的杜鹃，拜伦的雄鹰，雪莱的云雀，济慈的夜莺。可见东西方诗人都有相类似的形象，苏轼能像飞鸿一样不计东西，正如林语堂在序言中所说：他的肉体虽然会死，他的精神则可成为天上的星，地上的河，可以闪亮照明，可以滋润营养，因而维持众生万物。这就是说，他和众生万物合而为一，回归永恒了。老僧建成新塔，就是回归永生，就是佛家所说的圆寂轮回，道家庄子所说的"其分也，成也；其成也，毁也。凡物无成与毁，复通为一"。从此可以看出年轻诗人的哲学思想，在24岁时已经生根萌芽了。

1069年，苏轼回到京师任职，但和王安石政见不合，自请外调。1071年，出京到杭州任通判。次年除夕在审案时，他发现被捕的人多是违犯了王安石过激措施的良民，特别是盐犯，就对新法作出了激烈的批评，表现了他蛇一般的智慧，又写了《除夜直都厅，囚系皆满，日暮不得返舍，因题一诗于壁》。诗中说"执笔对之泣，哀此系中囚"，流露了他对人民的同情，这又表现了他鸽子一般的温柔敦厚。他在杭州最著名的作品是：

> 水光潋滟晴方好，山色空蒙雨亦奇。
> 欲把西湖比西子，淡妆浓抹总相宜。

前半写他的所见所感，后半写他的所思所想。无论晴雨，他都感到愉快，因为他既能欣赏天晴时大自然的光明面，又能欣赏下雨时大自然的幽暗面，人与自然同呼吸，共欢乐，可以说是天人合一了。后半把美景和美人相比，天晴好比美人艳装，天雨犹如美人素妆，无论艳装素妆，美人都是一样美丽的。如果再把美景和诗人相比呢，那可以说，天晴时诗人可以达则兼济天下，天雨时可以穷则独善其身，无论穷达，诗人都可尽其在我，随遇而安，自得其乐。因此虽然多次升迁贬黜，从京师迁到杭州湖畔，又从杭州迁到密州的穷乡僻壤；或从京师贬到黄州江边的东坡，再贬到天涯海角的惠州，他都无怨无悔，安身立命，成了一个历经忧患的乐天派。这就构成了苏东坡与众不同的魅力，无怪乎林语堂要说：苏东坡这样的人物，是人间不可无一、难得有二的了。

1074年，东坡去密州时，写了一首《沁园春》寄给弟弟子由，其中有几句诗概括了儒家的入世思想和道家的出世思想：

> 有笔头千字，胸中万卷，
> 致君尧舜，此事何难。
> 用舍由时，行藏在我，
> 袖手何妨闲处看？

这就是说，他们兄弟二人读书万卷，下笔千言，如果皇帝能够知人善任，不难成为明君贤臣，治理朝政，造成太平盛世。这就是儒家的入世思想，也就是说：用我则行其道。如果不用我呢？那就只好舍我则藏其身，隐居山林，做个闲人，尽情享受田园风光，自然美景，有江上之清风，与山间之明月，用之而不尽，取之而不竭。这就是道家遗世独立的思想。由此可以看出东坡的人生哲学、处世态度。因为他经历过朝中的风风雨雨，体验过升迁荣辱，所以能够做到达则兼济天下，穷则独善其身。他在密州不但解决了荣辱观的问题，还进一步闯过了生死关，写了一首《江城子》悼亡辞，悼念他梦中见到的、十年前去世的妻子王弗。词的前三句和后三句是：

> 十年生死两茫茫，

> 不思量，自难忘。
> ……
> 料得年年肠断处，
> 明月夜，短松冈。

为了悼念这难忘的、27岁去世的妻子，东坡在墓地种植了四季常青的松树，来寄托自己的哀思；并且幻想每逢月明之夜，断肠的诗人可以化为明月，去照看短松冈上断肠的亡魂。这就是天人合一，使哀思化为明月青松，使亡妻永垂不朽了。

明月不但可以寄托对死者的悼念，还可以缓解生离的相思。最著名的例子是东坡在密州写的《水调歌头》中秋词，说中秋月：

> 不应有恨，何事长向别时圆？
> 人有悲欢离合，月有阴晴圆缺，
> 此事古难全。
> 但愿人长久，千里共婵娟。

从这首词中，又可以看出天人合一的思想。天上的月亮有圆时，也有缺时，不可能只圆不缺；人间的夫妻兄弟也有聚有散，不可能只有相聚，没有分离。月圆时天空明亮，月缺时天色幽暗，不可能夜夜月色如昼，没有浮云遮月。人生也不可能只有欢乐，没有痛苦。明白这个道理，就应该顺应自然，尽量享受欢乐的时刻，节制生离死别的悲哀。即使天上的圆月照着人间的远别，也不该增加不必要的烦恼，因为自古以来，天下就没有不散的宴席，没有毫无缺憾的事情。兄弟两人虽然远隔千里，天各一方，但是只要人还健在，并不会妨碍两人对月色的欣赏。即使夫妻生死隔绝，诗人的哀思也可借明月的寒光浸润长青的松树，使亡妻的英灵像永不凋谢的松柏一样，永远活在诗人心里，减少人死不能复生的痛苦。就像佛家的古寺新塔可以轮回转生，消灭死亡，儒家的入世思想可以振奋人生，道家的"齐物论"可以齐生死、化忧乐一样。

诗人寄情青松明月，热爱自然之美，可以天人合一，不但缩短了兄弟之间的距离，甚至可以消除生死的界限，弥补古今的缺陷。1076年苏轼任徐州太守，1078年夜宿燕子楼，梦见唐代名妓关盼盼。盼盼是张尚书的爱姬，尚书死后，她誓不改嫁，独居燕子楼十多年，写了三首著名的《燕子楼》绝句，第一首是：

> 楼上残灯伴晓霜，独眠人起合欢床。
> 相思一夜情多少，地角天涯未是长。

美人的哀思寄托在残灯晓霜、独眠相思、地角天涯之中。东坡梦醒之后，写了一首《永遇乐》来歌颂盼盼的生死恋：

> 明月如霜，好风如水，
> 清景无限
> ……
> 黯黯梦云惊断。
> 夜茫茫，重寻无处，
> 觉来小园行遍。
> ……
> 古今如梦，何曾梦觉？
> 但有旧欢新怨。

……

东坡在词中也用了晓霜沉夜等没有时代限制的视觉形象，来表达他几百年后的哀思。更有甚者，他把想象和现实、历史和当代都融合起来，似乎是谈盼盼对尚书的思念，又仿佛是他自己对盼盼的同情。总之，这首词把外部世界的现实转化为内心世界的情感，在睡梦中，他使暂时的、特殊的事实拥有了永恒的、普遍的价值。这就是说，东坡词取得了超越时空的性质。

词人对时空的超越表现得最突出的，是在《念奴娇·赤壁怀古》一词中。如果说《永遇乐》结合的是历史事实和诗人的柔情，那么《念奴娇》融合的却是英雄的业绩和豪放不羁的气概。东坡诗词的一个特点，是把自己内在的情感移植到其他人或物的身上，使自己和其他人物都得到了超越。例如：

大江东去，
浪淘尽，
千古风流人物。
……
故国神游，
多情应笑我，早生华发。
……

大江东去，象征着词人对自由的向往，也就是说，词人把自己的向往移植到大江波涛之中，这既使得大江具有了千古风流人物的气概，又使词人心潮汹涌，犹如江涛澎湃，这样，人和江都超越了自己，双双得到提高。正如美国耶鲁大学孙康宜教授在她的博士论文中所说，词人试图从一个比现实生活更宏大的角度来看问题。1082年，词人被贬到长江之滨的黄州，现实中充满了忧患和限制，而滔滔江水却可以冲破一切堤防，解放自己。所以使外部世界的江流和内部世界的心潮合而为一，这是对空间的超越。此外，词人写周郎和小乔等千古风流人物神游故国，并且笑他不必为不可避免的命运自寻烦恼。英雄美人对他的同情，减少了他内心的苦闷，可算他在与古人同命运共呼吸，这是对时间的超越。超越时空，使这首《赤壁怀古》成了不朽名作。

如果说词人心目中的英雄是大破曹兵八十万，"谈笑间、樯橹灰飞烟灭"的周瑜，那他笔下的才女，则有蜀亡降宋的花蕊夫人。她当着宋太祖的面即席赋诗：

> 君王城上竖降旗，妾在深宫哪得知？
> 十四万人齐解甲，更无一个是男儿！

义正词严，巾帼不让须眉。东坡在他补足蜀主孟昶的《洞仙歌》时，说花蕊夫人"冰肌玉骨"，并不是说她涂脂抹粉，而是说她冰清玉洁。"水殿风来暗香满"，暗香指的当然不是宫女的脂粉香味，而是沁人心脾的幽香。"一点明月窥人"，广寒宫的清凉气息也会带来一点仙气，这就使花蕊夫人超凡脱俗了。甚至"时见疏星渡河汉"，借牛郎织女鹊桥会来暗示爱情，使人间的恩爱也升华为神仙情侣了。

东坡爱美，并不限于才子佳人，对于榴花柳絮，也是一样怜香惜玉。如在《贺新郎》中，他就把石榴比作美人：

> 石榴半吐红巾蹙,
> ……
> 芳心千重似束。

把石榴比作半吐千颗珠玉的红唇,真是形神兼似。他还把石榴花和孤眠的美人相提并论:

> 帘外谁来推绣户?
> 枉教人,梦断瑶台曲。
> 又却是,风敲竹。

绣户中的美人等待负心人回来,听见风吹竹动,以为是人来了,结果又是失望,只好说:"若待得君来向此,花前对酒不忍触。共粉泪,两簌簌。"等到花谢花飞,人已憔悴,就只有流泪眼对流泪眼了。这里美人空待,可能影射词人等待朝廷召回,就像《江城子·密州出猎》中所说:

> 持节云中,何日遣冯唐?
> 会挽雕弓如满月,西北望,射天狼。

《贺新郎》词中美人"晚凉新浴,手弄生绡白团扇,扇手一时似玉"。团扇到了秋凉时不再有用,所以成了失宠的象征,这就暗示词人不再得到朝廷重用。于是美人只好在梦中寻求安慰,不幸又被西风惊醒,亏得石榴花在"浮花浪蕊都尽"时,却"秾艳一枝","伴君幽独",这也暗示着词人刚正不阿,特立独行,不受反面影响,只在自然美中自得其乐。正如《行香子·别意》中所说的,"有湖中月,江边柳,陇头云",

也就可以自慰了。

苏东坡是一个不可多得的乐观派。即使在苦难中,人不堪其忧,他却不改其乐。例如他在流放到天涯海角时,居然写了两首妙不可言的《纵笔》,其中后两句是:

(一)报道先生春睡美,道人轻打五更钟。
(二)小儿误喜朱颜在,一笑那知是酒红?

他的政敌听说他流放时睡得很美,道人打钟都怕惊醒了他,就把他从惠州流放到了海边。不料他依然饮酒如故,连他儿子都误以为他脸色红润了。他怎么能这样遗世独立,把个人得失置之度外呢?我们在《念奴娇·赤壁怀古》中看到,他能和大江明月打成一片,让天地和他分忧,又能和古代英雄同悲喜,这样超越时空的胸怀,超凡脱俗的向往,放荡不羁的性格,使他心怀宽广,能够转化悲喜。正如他在《行香子·述怀》中所说的:

虽抱文章,开口谁亲?
且陶陶,乐尽天真。
几时归去?作个闲人。
对一张琴,一壶酒,一溪云。

他的文章显示了蛇的智慧,他的天真又显示了鸽子的温厚。他是一个多才多艺的文人,琴棋书画,无一不精。他的面目犹如《题西林壁》中描写的庐山:

横看成岭侧成峰,远近高低各不同。

不识庐山真面目,只缘身在此山中。

他的胸怀宽广,因为他能从远近高低各个不同的角度看人论事,又能从正面和反面看问题,所以既能理解,又能宽恕。

苏东坡曾写信对朋友说:"我一生之至乐在执笔为文之时,心中错综复杂之情思,我笔皆能畅达之。我自谓人生之乐,未有过于此者也。"(见林语堂《苏东坡传》第13页)在写作时,他能移情万物,人如盼盼和花蕊夫人,物如榴花杨花。这种移情使他超越了个人世界,具有了普遍的,甚至永恒的价值。所以说他的诗文超越了时空。

他的写作,除了自得其乐之外,没有别的理由;读者喜欢他的作品,没有别的理由,只是因为他写得好。他的诗词有的自然亲切,有的形象生动。自然亲切的如徐州石潭谢雨途中写的五首《浣溪沙》,写出了官民的鱼水之情,人性的纯朴善良。东坡能使日常用语富有抒情意味,如第四首下片:

酒困路长惟欲睡,
日高人渴漫思茶。
敲门试问野人家。

粗茶淡酒,上下对比,就写出了人人心中都有的真情实感,使散文具有诗味了。至于形象生动的诗句,可以看《六月二十七日望湖楼醉书》中的头两句:

黑云翻墨未遮山,
白雨跳珠乱入船。

把黑云比作打翻了的墨汁，把急雨比作乱跳的珠子，真使人如闻其声，如见其形了。东坡形象化的语言不但用于描绘景色，而且用于写人叙事，例如《守岁》中说：

> 欲知垂尽岁，有似赴壑蛇，
> 修鳞半已没，去意谁能遮。

把抽象的岁末比作具体的蛇进洞，真是出人意外。甚至在发议论时，东坡也能巧用比喻，如《书鄢陵王主簿所画折枝》就把书画作了比较：

> 论画以形似，见与儿童邻。
> 赋诗必此诗，定非知诗人。
> 诗画本一律，天工与清新。

由此可以看出东坡的风格：清新自然，形象生动，无论写景、叙事、议论，都是如此。

关于写诗绘画的理论，也可以应用于翻译。在我看来，译诗的艺术也像绘画，而不像照相。正如东坡在《水龙吟》中说的，柳絮"似花还似非花"，译文也应该既似原文，又不似原文。当原文的言（形式）与意（内容）统一的时候，译文可以形似；当言与意有矛盾时，那就只能意似或者神似。总而言之，翻译苏东坡的诗词，译者应该自问：假如东坡是当代的英美人，他会怎样用英文来写他自己的诗？那才可以译出东坡的"春鸟秋虫之声"。

苏东坡的诗词包括四千多首诗和三百多首词。他被认为是中国11世纪最伟大的独一无二的诗人。他作品的第一个英译本是勒葛克拉克博士的《苏东坡赋》，1935年由伦敦克甘保罗公司出版，1964年纽约帕拉贡公司再版。《清华周刊》第36期发表了钱钟书的书评，说勒葛克拉克夫人美丽的版画插图为本书增光添彩，巧妙地用不同的媒介来再现苏赋的精神，使人不忍错过阅读的机会，与其批评，不如赞扬。1947年，纽约让德公司出版了林语堂的《乐观的天才》，其实是一本苏东坡的评传，本书前言从该书序中多有摘引。1965年纽约哥伦比亚大学出版社出版了伯顿·华逊英译的《宋代诗人苏东坡诗词选》，把古诗词译成分行散文。1982年香港商务印书馆出版了许渊冲《苏东坡诗词新译》，其中共选诗词一百首。

希望英语读者对这位人间不可无一、难得有二的才子，能够有所了解。

许渊冲

Preface

Su Shi (1037—1101) is better known under the name of Su Dongpo (Master of the Eastern Slope). He was, said Lin Yutang in *The Gay Genius*, a man with great charm, originality and integrity of purpose. It is easy to feel his charm as to feel it in women and to feel beauty and fragrance in flowers. There had to be one Su Dongpo, but there could not be two. His personality had the richness and variety of a many-sided genius, possessing a combination described by Jesus as the wisdom of the serpent and the gentleness of the dove. All through his life he retained a perfect naturalness and honesty with himself. His poems were the natural outpourings of his heart, instinctive and impetuous, like the bird's song in spring and the cricket's chirp in autumn. He wrote purely to express what he felt in his heart, for no other reason than that he enjoyed writing. He felt strongly, thought clearly, wrote beautifully, and acted with high courage. From his pen we hear a chord reflecting all the human emotions of joy, delight, disillusionment and resignation. He hated evil, but the evil-doers did not interest him. Since hatred is an expression of incompetence, he never knew personal hatred, because he did not know incompetence. Out of the Buddhist faith to annihilate life, the Confucian faith to live it, and the Taoist faith to simplify it, a new amalgam was formed in the crucible of the poet's mind and perceptions. Of this living, he was only a particle in a temporary manifestation of the eternal, and it really did not matter very much which particle he happened to be. Life was after all eternal and good, and he enjoyed it. Such is Su Dongpo as Lin Yutang sees him.

Born at Meishan in present-day Sichuan, he was educated at home by his mother and his father Su Xun (1009—1066). In 1056 he came with his younger brother Su Zhe (Ziyou 1039—1112) to the capital of Northern Song dynasty, the largest city in the world at that time, to take the government civil service examination, and both of them passed it with distinction in 1057. The father and the two sons all became outstanding writers of their age and were well known as the Three Sus. Then Su Shi as a provincial administrator or magistrate moved about from place to place, from office to office, which is why so much of his poetry deals with journeys and scenic splendors.

In 1061 he passed by Mianchi and lodged in a temple where he and Ziyou had written verses on the wall in 1056, but now the wall fell in decay and their verses left no trace, so he wrote *Recalling the Old Days at Mianchi in the Same Rhyme as Ziyou's Poem*, in which he compares life to a swan's traces on mud or on snow, that is to say, life has its sunny side as well as its shady one, and man should care for it no more than a flying swan does for its claw and nail prints on the dirty mud or on the pure snow. Since then the flying swan has become symbolic of Su Shi just as the roc is symbolic of Li Bai, the cuckoo of Wordsworth, the eagle of Byron, the skylark of Shelley, the nightingale of Keats. Su Shi could be carefree because he thought clearly, just as Lin Yutang put it, his body might die, but his spirit would become a star in the heaven, or a river on the earth, to shine, to nourish, and to sustain all living. So every moment of life was good while it lasted, and he enjoyed it to the full. The old monk is dead, indeed, but what matters? A new dagoba appears to delight the eye and to nourish the spirit. The Buddhist faith is to annihilate life so as to quicken a new birth. A dagoba is the monk's body metamorphosed into art which might triumph over death, just as the verse written on the wall would outlast the wall in ruin and win immortality. Thus we see the philosophical spirit of the young poet budding at the age of twenty-four.

Su Shi's political career was marred by a series of defeats and banishments primarily due to his opposition to Wang Anshi who carried out radical reforms, which he criticized with acerbity, and which at one time brought about his imprisonment. That is the reason why Lin Yutang said Su Shi had the wisdom of the serpent. On official duty at Fengxiang in 1069, he wrote *Seeing Prisoners on New Year's Eve*, in which he says he is like the prisoners he sees, and which accredits him the gentleness of the dove. In 1073 when he was an administrator at Hangzhou, he wrote his best known quatrain on the West Lake:

> *The brimming waves delight the eye on sunny days;*
> *The dimming hills give a rare view in rainy haze.*
> *The West Lake looks like the fair lady at her best;*
> *Whether she is richly adorned or plainly dressed.*

The first couplet describes what he saw and felt, the second what he thought Rain or shine, he felt happy alike, for he could enjoy the delightful scene of the sunny side as well as the rare view of the shady side. Here we see his communion with nature. The second couplet shows that he can appreciate a richly adorned beauty just as a plainly dressed one. This accounts for his equanimity in prosperity as well as in adversity. Though transferred many times from the lakeside Hangzhou to the hillside Mizhou, then banished to the riverside Huangzhou and at last to the seaside Huizhou, he was still the incorrigible optimist. Here lies his great charm, and that is the reason why Lin Yutang said there had to be one Su Dongpo, but there could not be two.

On his way to Mizhou in 1074, he wrote *Spring in a Pleasure Garden* for his brother Ziyou, in which we find six lines epitomizing his Confucian faith to live his life and his Taoist faith to simplify or transform it:

> *A fluent pen combined*
> *With a widely-read mind,*
> *Why could we not have helped the Crown*
> *To attain great renown?*
> *As times require,*
> *I advance or retire,*
>
> ...

When he was imperial secretary to issue orders for the emperor, he advanced in his political career; when he was imprisoned and then banished, he would enjoy the beauty of nature and the delights of life. That is the continuation of his philosophical attitude towards life's sunny and shady sides, for he had witnessed the ups and downs in the court. In Mizhou he wrote a lyric to the tune of *Riverside Town* about a dream of his deceased wife, which reveals his regret of losing his love before enjoying life to the full, and which ends in a description of her graveyard, which is an outpouring of his heart.

> *For ten long years the living of the dead knows nought.*
> *Should the dead be forgot*
> *And to mind never brought?*
> *...*
> *When I am woken, I fancy her heart-broken*
> *On the mound clad with pines,*
> *Where only the moon shines.*

The poet fancies his wife heart-broken to show his own broken heart, her graveyard clad in evergreen pines to show her memory evergreen in his bosom, and the lonely moon symbolic of the lonely poet keeping watch over her.

Another important lyric written in Mizhou is *Prelude to Water Melody: Sent to Ziyou on Mid-autumn Festival in 1076*, which shows the poet's philosophical attitude towards life:

> *Against man she should not have any spite.*
> *Why then when people part is she oft full and bright?*
> *Men have sorrow and joy, they part and meet again;*
> *The moon may be bright or dim, she may wax or wane.*
> *There has been nothing perfect since olden days.*
> *So let us wish that man live as long as he can!*
> *Though miles apart, we'll share the beauty she displays.*

Here again we find the communion between man and nature. People may meet or part just as the moon waxes and wanes; they have joy and sorrow just as the moon may be bright or dim. There is no sunny side without a shady one. So the best of all ways is to lengthen our joy and to shorten our sorrow as much as we can. Though the poet and his brother were far apart, they might enjoy the same beautiful moonlight together. Though his wife cannot revive to share his delight, his heart would shed a tender light to drown her soul in deep love. Thus we see the combination of Buddhist faith to annihilate life, Confucian faith to live it and Taoist faith to transform it.

The poet's love of beauty can not only shorten the distance between him and his brother, but also between life and death, and so between the ancient and the modem. When he was governor of Pengcheng (modem Xuzhou) in 1078, one night he lodged at the Pavilion of Swallows built for the beautiful Panpan (c. 800) of the Tang dynasty, who refused to remarry after the death of her dear lord and wrote the following quatrain:

> *Upstairs the dying lamp flickers with morning frost;*
> *The lonely widow rises from her nuptial bed.*
> *Sleepless the whole night long, in mournful thoughts she's lost;*
> *The night seems endless as the boundless sky overhead.*

The poetess' mournful thoughts can be felt by various objects, the flickering, dying lamp, the cold morning frost, the lonely nuptial bed, and the boundless empty sky. After dreaming of the poetess, Su Shi wrote a lyric to the tune of *Joy of Eternal Union*, singing of her eternal union with her lord though they were separated in life but they were reunited by death.

> *The bright moonlight is like frost white,*
>
> ...
>
> *That gloomy, I awake from my dream of the Cloud.*
> *Under the boundless pall of night.*
> *Nowhere again can she be found*
> *Though in the small garden I have walked around.*
>
> ...
>
> *Both the past and the present are like dreams,*
> *From which we have ne'er been awake, it seems.*
>
> ...

Su Shi has also made use of these timeless visionary images such as cold frost, boundless sky and endless night to show his personal emotion. What is more, he has combined the real and the imaginative, reality and history, so that his poem represents a lyrical version of external reality. In his dreams he has created a metaphorical relation between external objects and universal human feelings, so his lyric becomes transcendental in time and in space.

Su Shi's art of writing reaches its apex in *The Red Cliff* composed to the tune of *Charm of a Maiden Singer*. If *The Pavilion of Swallows* is a combination of historical facts and the poet's tender emotion, then *The Red Cliff* is one of heroic feats and his transcendental feeling. His poetry is characterized by an implicit transference of feeling, for he often imagines what other persons or things would feel in the particular poetic situation he creates, for instance,

> *The great river eastwards flows,*
> *With its waves are gone all those*
> *Gallant heroes of bygone years.*
>
> ...
>
> *Should their souls revisit the land,*
> *Sentimental, his bride would laugh to say:*
> *Younger than they, I have my hair turned grey.*

Here we see the river and waves symbolize the poet's love of freedom. He attempts to capture a vision larger than life, as says Kang-i Sun of Yale University. If reality in life is one of cares and constraints, it is the flowing river that will free the self from this world. Thus we can see the external scene and the internal emotion unified. As this lyric was written in 1082 when the poet was banished to the riverside Huangzhou, his life was full of cares and under constraints. If he could merge his cares with the waves of the river, he could be transcendental in space. He fancied if General Zhou and his bride revisited the battlefield at the Red Cliff, they would laugh away his cares and grief over the inevitable reality. If he could merge himself with the heroes who had won victory at the Red Cliff, he would be transcendental in time. That is the reason why this lyric is considered as the best of his poetry.

If we find in General Zhou the poet's ideal of a victorious hero who *destroyed the enemy fleet like castles in the air / while laughing and jesting with his bride so fair*, we may find his ideal of a beautiful lady in Madame Pistil described in his *Song of a Fairy in the Cave*, who is well known for her quatrain composed impromptu before the first emperor of Song dynasty:

> *My lord erected "surrender flag" on city wall.*
> *How could a woman living deep in palace know?*
> *They were disarmed, one hundred forty thousand men in all;*
> *Not one of them was man enough to fight the foe.*

Madame Pistil in Su's Song is not a beautiful lady with powdered face and rouged cheeks. Her *jadelike bones and icelike skin* refer not so much to her external beauty as to her internal purity and the *unperceivable fragrance* is different from the vulgar perfume of a palace lady. The moon peeping at her seems to bathe her jadelike bones and icelike skin in celestial light and purify her soul. Even the love-making between her and her lord, set off by such fragrance and purity, is sublimated and becomes celestial.

Su's love of beauty is not confined to woman only, but he also compares flowers to beautiful women and personifies them. For instance, in *Congratulations to the Bridegroom*:

> *The pomegranate flower opens half her lips*
> *Which look like wrinkled crimson strips;*
>
> ...
>
> *How charming is her blooming branch, behold!*
> *Her fragrant heart seems wrapped a thousand fold.*

The pomegranate is the symbol of the lonely beauty who *falls asleep with lonely sigh.*

> *Who's knocking at the curtained door*
> *That she can dream sweet dreams no more?*
> *It's again the breeze who*
> *Is swaying green bamboo.*

The beautiful lady who, waiting for her lord, mistakes the swaying bamboo for a knock at the door, is a symbol of the banished poet waiting in vain for an imperial order to recall him, as is described in *Hunting at Mizhou* written to the tune of *Riverside Town*:

> *When will the imperial court send*
> *Me as envoy with flags and banners? Then I'll bend*
> *My bow like a full moon, and aiming northwest, I*
> *Will shoot down the Wolf from the sky,*

The lonely lady who *flirts a round fan of silk* made, which is a symbol of disfavor in autumn, seems to have lost the favor of her lord just as the poet has lost imperial favor. In her solitude the disillusioned beauty can do nothing but seek the lost favor in her dream. Awakened by the fickle breeze, she regains her strength on seeing the pomegranate which blooms while all the other fickle flowers fade. The flower is also a symbol of the poet who stands upright, invulnerable to evil-doers for he is strengthened by his love of beauty and communion with nature. For instance, we may read the following lines from his *Song of Pilgrimage*:

> *The moon which on the lake shines,*
> *The lakeside willow trees,*
> *The cloud and breeze.*

Su Shi was an incorrigible optimist. He could be happy even in distress. This can be seen in his *Impromptu Verse Written in Exile*:

> *(1) Knowing that I am sleeping a sweet sleep in spring,*
> *The Taoist priest takes care morning bells softly ring.*
> *(2) Seeing my crimson face, my son is glad I'm fine,*
> *I laugh for he does not know that I have drunk wine.*

How could he stand aloof, careless alike of personal gain and loss? In *The Red Cliff* we can find the poet merged not only in the moonlit and wave-washed scenery but also in the history of great heroes. He was transcendental in space and in time. His unworldly aspiration and upright personality broadened his mind to transform sorrow into joy. This can be seen in his *Reflections* written to the tune of *Song of Pilgrimage*:

> *Though I can write, / Who thinks I'm right?*
> *Why not enjoy / Like a mere boy?*
> *So I would be / A man carefree.*
> *I would be mute before my lute;*
> *Fine before wine; / And proud as cloud.*

His writing shows his wisdom of the serpent; his enjoyment like a boy shows his gentleness of the dove. He was a many-sided man who loved writing and painting, enjoyed wine and music, delighted in nature and in beauty. His many-sided view can be illustrated by his quatrain *Written on the Wall of the West Forest Temple*:

> *It's a range viewed in face and peaks viewed from the side,*
> *Assuming different shapes viewed from far and wide.*
> *Of Mountains Lu we cannot make out the true face,*
> *For we are lost in the heart of the very place.*

He was many-sided because he could view everything far and near, see its sunny side as well as its shady one, understand all and pardon all.

The happiest thing in his life was to write down what he felt in the heart and thought in the mind, and he thought there was nothing happier than that in human life. While writing, he would project his personal feeling into the person (Madame Pistil) or thing (pomegranate) he described, and this projection reflects a personal wish to move beyond the individual world and embrace universal values, that is to say, he would transcend time and space.

No matter what he wrote, he wrote well. His style is on the one hand spontaneous or natural and on the other imagistic. His five lyrics written on his way to the Rocky Pool are typical of his spontaneity: we find in them his genuine love for the simplicity of human nature and his ability to transform a common expression into a lyrical contest, for instance,

> *Wine-drowsy when the road is long, I yawn for bed;*
> *Throat parched when the sun is high, I long for tea.*
> *I knock at farmer's door to see what he'll treat me.*

On the other hand, his style is full of rhetoric devices, for example, we may read the imagery used in *The Lake View Pavilion*:

> *Like spilt ink dark clouds spread o'er the hills as a pall;*
> *Like bouncing pearls the raindrops in the boat run riot.*

Imagery is not only used in description of natural scenery but also of human beings, not only in description but also in narration, for instance, the poet wrote on a lunar New Year's Eve:

> *The end of the year is drawing near*
> *As a snake crawls back to its hole.*
> *We see half its body disappear,*
> *And soon we'll lose sight of the whole.*

Even in argument, he would use comparisons, and *comparaison devient raison*. In his verse written on a painting by Secretary Wang of Yanling, he says,

> *To overstress resemblance of form*
> *In painting is a childish view.*
> *Who thinks in verse there is a norm,*
> *To poetry he's got no clew.*

In painting as in poetry,
We like what's natural and new.

Such is Su Shi's style, natural and imagistic in description, narration and argumentation.

What is true of poetry and painting is also true of translation. I think verse translation is more like the art of painting than that of photographing. As Su Shi says of willow catkins in *Water Dragon's Chant: They seem to be but are not flowers*, the translated verse should be like and unlike the original, like it in spirit and unlike it in letter, like it when there is unity between letter and spirit and unlike it when there is contradiction between them. In short, Su's poems and lyrics should be translated in the same spirit in which they are written.

Su Shi's works include over four thousand poems and over three hundred compositions in the lyric meter. He is considered as the greatest Chinese writer of the 11th century. The first English translation of his works is *The Prose-Poetry of Su Tungpo* translated by Dr. Cyril Le Gros Clark, published by Kegan Paul, London, in 1935 and reprinted by Paragon, New York, in 1964. *Tsinghua Weekly* XXXVI published a *Book Note* written by Qian Zhongshu, saying The charm of this book is much enhanced by the beautiful engravings of Mrs. Le Gros Clark. They so ingeniously reproduce the spirit of Su's "prose-poem" in a different medium that to praise them is better than to criticize them, and to look at them is better than otherwise. In 1947 John Day, New York, published Lin Yutang's *The Gay Genius*, which is a critical biography of Su Dongpo, and from which the author has profited much. In 1965 Columbia University Press, New York, published *Su Tungpo: Selec-*

tions from a Sung Dynasty Poet translated by Burton Watson. In 1982 the Commercial Press, Hong Kong, published *Su Dongpo —a New Translation*, including 100 poems and lyrics translated by Xu Yuan Chong.

I wish the Western reader may catch a glimpse of the greatest Chinese writer of the 11th century.

Xu Yuanchong

目录

Contents

002	行香子·过七里濑 Song of Pilgrimage: Passing the Seven-league Shallows
008	行香子·丹阳寄述古 Song of Pilgrimage: Reminiscence
014	江城子·湖上与张先同赋 Riverside Town: On the Lake
020	虞美人·有美堂赠述古 The Beautiful Lady Yu: Written for Chen Xiang at the Scenic Hall
024	醉落魄·离京口作 Drunk with Soul Lost: Leaving the Riverside Town
028	南乡子·送述古 Song of Southern Country: Farewell to a Friend
032	南乡子·梅花词和杨元素 Song of Southern Country: Mume Blossoms for Yang Yuansu
036	永遇乐·寄孙巨源 Joy of Eternal Union: For Sun Juyuan
042	沁园春（孤馆灯青） Spring in a Pleasure Garden (The lamp burns with green flames in an inn's lonely hall)
048	蝶恋花·密州上元 Butterfly in Love with Flower: Lantern Festival at Mizhou
052	江城子（十年生死两茫茫） Riverside Town (For ten long years the living of the dead knows nought)
058	江城子·密州出猎 Riverside Town: Hunting at Mizhou

064	水调歌头（明月几时有） Prelude to Water Melody: Sent to Ziyou on Mid-autumn Festival	
070	阳关曲·中秋月 Song of the Sunny Pass: The Mid-autumn Moon	
074	浣溪沙（照日深红暖见鱼） Silk-washing Stream: Thanks for Rain at Stony Pool	
082	永遇乐（明月如霜） Joy of Eternal Union: The Pavilion of Swallows	
088	卜算子（缺月挂疏桐） Song of Divination (From a sparse plane tree hangs the waning moon)	
092	西江月（世事一场大梦） The Moon on the West River (Like dreams pass world affairs untold)	
096	临江仙（夜饮东坡醒复醉） Riverside Daffodils: Returning to Lingao by Night	
100	定风波（莫听穿林打叶声） Calming the Waves: Caught in Rain on My Way to the Sandy Lake	
104	满庭芳（蜗角虚名） Courtyard Full of Fragrance (For fame as vain as a snail's horn)	
110	满庭芳（归去来兮） Courtyard Full of Fragrance: Leaving My Hall of Snow	
116	西江月（照野弥弥浅浪） The Moon on the West River: Lines Written on a Bridge	
120	浣溪沙（山下兰芽短浸溪） Silk-Washing Stream (In the brook below the hill is drowned short orchid bud)	

124	念奴娇 · 赤壁怀古 The Charm of a Maiden Singer: The Red Cliff
130	水龙吟（似花还似非花） Water Dragon's Chant: Willow Catkins
136	八声甘州 · 寄参寥子 Eight Beats of Ganzhou Song: For a Buddhist Friend
144	临江仙 · 送钱穆父 Riverside Daffodils: Farewell to a Friend
148	蝶恋花 · 春景 Butterfly in Love with Flower: Red Flowers Fade
152	西江月 · 梅花 The Moon on the West River: To the Fairy of Mume Flower
156	辛丑十一月十九日，既与子由别于郑州西门之外，马上赋诗一篇寄之 A Poem to My Brother Ziyou, Composed on Horseback after Parting with Him at the Western Gate of the Capital on the 19th Day of the 11th Lunar Month
162	和子由渑池怀旧 Recalling the Old Days at Mianchi in the Same Rhymes as Ziyou's Poem
166	守岁 Staying up All Night on New Year's Eve
170	十二月十四日夜微雪，明日早往南溪小酌至晚 It Snowed on the Night of the 14th Day of the 12th Lunar Month. I Went to the Southern Valley on the Next Morning and Drank There Till Dusk
174	游金山寺 Visiting the Temple of Golden Hill

182	腊日游孤山访惠勤惠思二僧 Visiting in Winter the Two Learned Monks in the Lonely Hill	
188	戏子由 Written to Ziyou in Joke	
194	除夜直都厅，囚系皆满，日暮不得返舍，因题一诗于壁 Seeing Prisoners on New Year's Eve	
198	六月二十七日望湖楼醉书五首（其一、其二、其五） Written While Drunken in the Lake View Pavilion on the 27th Day of the 6th Lunar Month	
204	饮湖上初晴后雨二首（其二） Drinking at the Lake First in Sunny and then in Rainy Weather	
208	有美堂暴雨 Tempest at the Scenic Hall	
212	冬至日独游吉祥寺 Visiting Alone the Temple of Auspicious Fortune on Winter Solstice	
216	李思训画长江绝岛图 Two Lonely Isles in the Yangtze River—Written on a Picture Drawn by Li Sixun	
220	百步洪二首（其一） The Hundred-pace Rapids	
226	正月二十日与潘、郭二生出郊寻春，忽记去年是日同至女王城作诗，乃和前韵 Seeking Spring	
230	寒食雨二首 Rain at the Cold-food Festival	

236	海棠
	Crab-apple Flower
240	题西林壁
	Written on the Wall at West Forest Temple
244	次荆公韵
	Reply to Wang Anshi, Former Prime Minister
248	归宜兴,留题竹西寺三首(其三)
	Written in Zhuxi Temple on My Way Back to Yixing
252	惠崇春江晚景二首
	River Scenes on a Spring Evening Written to Accompany Two Pictures Drawn by Monk Huichong
256	赠刘景文
	To Liu Jingwen
260	纵笔
	An Impromptu Verse Written in Exile
264	被酒独行,遍至子云、威、徽、先觉四黎之舍
	Drunken, I Walk Alone to Visit the Four Lis
268	纵笔三首(其一)
	An Impromptu Verse Written by the Seaside
272	澄迈驿通潮阁二首
	The Tide Pavilion at Chengmai Post
276	过岭
	Passing the Ridge

许渊冲译苏东坡诗词

行香子①·过七里濑②

一叶舟轻。
双桨鸿惊。
水天清、
影湛波平。
鱼翻藻鉴③,
鹭点烟汀④。
过沙溪急,
霜溪冷,
月溪明。

重重似画,
曲曲如屏⑤。

① 行香子:词牌名。双调小令,六十六字。
② 七里濑:又名七里滩、七里泷,在今浙江省桐庐县城南三十里。
③ 藻鉴:亦称藻镜,指背面刻有鱼、藻等纹饰的铜镜,这里比喻水面像镜子一样平静。
④ 烟汀:烟雾笼罩的水边平地。
⑤ 屏:屏风。

Song of Pilgrimage
Passing the Seven-league Shallows[①]
(1073)

A leaf-like boat goes light,
At dripping oars wild geese take fright.
Under a sky serene
Clear shadows float on calm waves green.
Among the mirrored water grass fish play
And egrets dot the riverbank mist-gray.
Thus I go past
The sandy brook flowing fast,
The frosted brook cold,
The moonlit brook bright to behold.

Hill upon hill is a picturesque scene;
Bend after bend looks like a screen.

---

① The place where Yan Guang fished as a hermit because he wished to refuse the offer of a high post from his former schoolmate, who became the first emperor of the Eastern Han dynasty.

算当年、
虚老严陵①。
君臣②一梦,
今古空名③。
但远山长,
云山乱,
晓山青。

---

① 严陵:严光,字子陵,东汉人,曾与刘秀是同学,后辅佐刘秀。刘秀即位后,多次延聘严光,但他隐姓埋名,退居富春山。
② 君臣:君指刘秀,臣指严光。
③ 空名:世人多认为严光名为"钓鱼"实为"钓誉"。这里指刘秀称帝和严光垂钓都不过是一场大梦而已。

I recall those far-away years:
The hermit wasted his life till he grew old;
The emperor shared the same dream with his peers.
Then as now, their fame was left out in the cold.
Only the distant hills outspread
Till they're unseen,
The cloud-crowned hills look dishevelled
And dawn-lit hills so green.

赏析

宋神宗熙宁六年（1073年）二月，时任杭州通判的苏轼巡查富阳，乘舟富春江上，由新城至桐庐，经过七里濑时，作此词。

七里濑，因两岸高山耸立，水流湍急，被称为"富春江小三峡"，是百里富春江最优美的江段之一。

七里濑风光秀丽，富春江更天下闻名。元代画家黄公望以此为背景画下《富春山居图》，是中国十大传世名画之一。南朝吴均在《与宋元思书》中也说："自富阳至桐庐一百许里，奇山异水，天下独绝。水皆缥碧，千丈见底。游鱼细石，直视无碍。急湍甚箭，猛浪若奔。夹岸高山，皆生寒树，负势竞上，互相轩邈，争高直指，千百成峰。"

到了宋代，苏轼到此，七里濑在他眼前也展开一片旖旎的风光。

词的开头，"舟""水""天""鱼""白鹭"，信手拈来，高下相迎，动静皆宜。这是一个共同空间里并存的几样景物。之后，读者的目光便被那叶小舟带走，"过沙溪急，霜溪冷，月溪明"。画面飞速运动，小舟随着湍急的水流，如箭一般飞驰。先是磊磊沙石上的溪水，感到急；再是霜气弥漫的溪水，感到冷；最后行到晚上，月亮升起来，置身于被月光洒满的世界，感觉到明。

以上是词的上阕，写水。下阕镜头转换，开始写山。

"重重似画,曲曲如屏。"真是山水相映,应接不暇。

然后,提到这里一处重要的人文古迹——严子陵祠。它是为纪念汉代高士严子陵而建。严子陵,名光,曾与东汉光武帝刘秀是同学。刘秀当皇帝后,他隐姓埋名,避而不见。后来,刘秀好不容易把他请到京城,授予高官,严光坚决不受,仍然回到富春江边钓鱼。

北宋景祐元年(1034年),范仲淹任睦州太守期间主持重修严先生祠,写下《严先生祠堂记》。他感叹严光的品德:"云山苍苍,江水泱泱,先生之风,山高水长!"这也成了后世描摹严光的代表性文字。

苏轼到七里濑,也想起了严光,发出"算当年、虚老严陵。君臣一梦,今古空名"的慨叹,年轻的他似乎不能认同严光退隐的选择。"但远山长,云山乱,晓山青。"句子短促,读起来富有节奏。在快速的行进当中,又与上阕"过沙溪急,霜溪冷,月溪明"相呼应,余味悠长。

读这首词,不由想起苏轼很多年后被贬黄州写的《念奴娇·赤壁怀古》。三国时,涌现出的无数英雄豪杰,随浪淘而尽,"人生如梦,一尊还酹江月。"苏轼总是发出人生如梦的慨叹,又总在永恒的风景中得到升华。

行香子·丹阳寄述古①

携手江村,
梅雪飘裙②。
情何限、
处处销魂。
故人③不见,
旧曲重闻。
向望湖楼,
孤山寺,
涌金门。

寻常行处④,
题诗千首,
绣罗衫、与拂红尘。

---

① 丹阳:地名,今江苏丹阳县。述古:杭州知州陈襄,字述古。
② 梅雪飘裙:梅花飘雪,洒落在同行歌伎的衣裙上。
③ 故人:指陈述古。
④ 寻常行处:平时常去处。

Song of Pilgrimage
Reminiscence

(1074)

We visited riverside village hand in hand,
Letting snowlike mume flowers on silk dress fall.
How can I stand
The soul-consuming fairy land!
Now severed from you for years long,
Hearing the same old song,
Can I forget the lakeside hall,
The temple on the Lonely Hill
And Golden Gate waves overfill?

Wherever we went on whatever day,
We have written a thousand lines.
The silken sleeves would sweep the dust away.

---

* This lyric describes the poet's friendship with a friend in Hangzhou.

别来相忆,
知是何人?
有湖①中月,
江边柳,
陇头云。

---

①湖:西湖。

Since we parted, who
Would often think of you?
The moon which on the lake shines,
The lakeside willow trees,
The cloud and breeze.

赏析

宋神宗熙宁六年（1073年），苏轼在杭州通判任上。当时的杭州知州是陈述古，两人为至交好友。他们都因反对王安石变法，前后被迫外放，出京就职，却也成就了一段在杭州的友情。

这年十一月，苏轼因公到常州、润州视灾赈饥，姻亲柳瑾一起同行。次年元旦过丹阳（今属江苏），至京口（今江苏镇江市）与柳瑾相别。此词题为"丹阳寄述古"，据宋人傅藻《东坡纪年录》记载，它是苏轼"自京口还，寄述古作"，则当作于二月由京口至宜兴（今属江苏）途中，返丹阳之时。

上阕开始，"携手江村，梅雪飘裙。情何限、处处消魂。"梅花似雪，飘粘衣裙，在美景中与朋友携手同游，真好。但转折马上来了，"故人不见，旧曲重闻。"原来这是追忆，是在脑海里回忆过去的美好时光。如今，故人不在眼前，旧曲却又重弹，想起从前的日子，从前到过的地方。"向望湖楼，孤山寺，涌金门。"这三处，都是西湖名胜。如今，没有苏轼和陈述古携手前来，它们会孤独吗？

下阕讲到一个典故。宋代吴处厚《青箱杂记》记载，魏野和宰相寇准早年同游某僧舍并在墙壁上各有题诗。后来，两人再次同游，发现寇准的诗已用碧纱笼保护起来，而魏野的诗却尘昏满壁。这时，有同行的一个官妓非常聪明，以衣袂轻轻拂去灰尘。魏野缓缓说道："若得常将红袖拂，也应胜似碧纱笼。"寇准大笑。

这里，苏轼自比魏野，而以寇准比陈述古，以示尊崇。苏轼猜想，一定也有人用绣罗衫拂去墙壁上自己题诗的灰尘吧。而谁还会想念自己呢？不言而喻，就是陈述古，以及那"湖中月，江边柳，陇头云"。在杭州，苏轼和陈述古无数次一起前往游赏、观看，如今它们也想念苏轼，渴望他回去。

江城子^①·湖上与张先同赋^②

凤凰山^③下雨初晴。
水风清,
晚霞明。
一朵芙蕖,开过尚盈盈。
何处飞来双白鹭,
如有意,
慕娉婷。

忽闻江上弄哀筝,
苦^④含情,
遣谁听?

---

① 江城子:词牌名,又名《江神子》,原为单调,至苏轼始变为双调,共七十字。
② 张先:字子野,北宋词人。同赋:用同一词牌,取同一题材填词。
③ 凤凰山:在杭州之南。
④ 苦:甚、极的意思。

Riverside Town
On the Lake
(1073)

It turns fine after rain below the Phoenix Hill,

Waves and wind light,

Rainbow clouds bright.

A lotus flower past full bloom beams with smile still.

Where comes in flight

A pair of egrets white

As if inclined to care

For maidens fair.

Suddenly on the stream music comes to the ear.

Who would not hear

Such feeling drear?

烟敛云收①,
依约是湘灵②。
欲待曲终寻问取,
人不见,
数峰青。

① 烟敛云收:仙人驾云而行,所到之处云雾缭绕。这里是把弹筝的女子比作下凡的仙人。
② 湘灵:古代传说中的湘水之神。

Away clouds and mist clear;

The Spirit of River Xiang seems to appear.

When music ends, I would inquire for the lutist dear.

She seems to disappear,

Only leaving peaks clear.

赏析

熙宁五年（1072年）至熙宁七年（1074年），苏轼在杭州通判任上，与当时已八十余岁的词人张先同游西湖时所作。

关于这首词的背景，有两种说法。一是，北宋张邦基《墨庄漫录》载：东坡在杭州，一日游西湖，见湖心有一彩舟渐近，中有一女风韵娴雅，方鼓筝，二客竞目送之。一曲未终，人翩然不见。公因作此长短句戏之。

二是，南宋袁文在《瓮牖闲评》记载：苏轼和刘贡父兄弟同游西湖，一女子驾船来，说因仰慕苏轼，特来献上一曲。

两种说法都把苏轼和一位女子联系在一起，过于无稽，也狭隘了词义，不必听。其实，这就是苏轼和朋友见证了一场露天音乐会。苏轼听了，感动了，写下了词。千载之后的人再来读它，想必能感同身受。

词的上阕，是一场没有音乐的演出，演出者为一朵花和一对白鹭。"一朵芙蕖，开过尚盈盈。"为什么不叫荷花，芙蕖不就是荷花吗？苏轼偏称它为"芙蕖"，故意的。"芙蕖"是古意，这是从古典里走出来的荷花。荷花开过了，但依然那么美，那么丰盈。苏轼似乎怕读者不信，还拉来一对白鹭作证："何处飞来双白鹭，如有意，慕娉婷。"

下阕，音乐声从江上传来，如此的悲苦动人。听者是谁？弹者又是谁？一切都恍惚迷离，若隐若现，似有还无，"烟敛云收，依约是湘灵"。这音乐和湘水女神联系起来，就更奇妙，读者对音乐和弹奏者的兴趣就更大了。传说帝舜二妃娥皇、女英因为舜的死去，抱竹痛哭，竹上生斑，泪尽而死，死后成为湘水女神。因此，仿佛更加重了乐曲的哀痛，正如杜甫所说的"此曲只应天上有，人间能得几回闻"。

词的最后一句："欲待曲终寻问取，人不见，数峰青。"不仅让人想起唐代诗人钱起的《省试湘灵鼓瑟》："曲终人不见，江上数峰青。"有余音绕梁，让人久久伫立之感。

虞美人①·有美堂赠述古②

湖山信是东南美,
一望弥千里。
使君③能得几回来?
便使樽前醉倒、更徘徊。

沙河塘④里灯初上,
水调谁家唱?
夜阑风静欲归时,
惟有一江明月、碧琉璃。

① 虞美人:原为唐教坊曲,后用为词牌名。
② 述古:陈襄,见前文。
③ 使君:汉时称州牧为使君,后世用来称州郡长官,这里是指陈襄。
④ 沙河塘:在杭州城南,热闹繁华。

The Beautiful Lady Yu
Written for Chen Xiang at the Scenic Hall
(1074)

How fair the lakes and hills of the Southeast land are,
With plains extending wide and far!
How oft, wine-cup in hand, have you been here
That you can make us linger though drunk we appear?

By Sandy River Pond the new-lit lamps are bright.
Who is singing "the water melody" at night?
When I come back, the wind goes down, the bright moon paves
With emerald glass the river waves.

赏析

苏轼任杭州通判期间,经历过三任知州。第二任知州是陈述古,虽然他是苏轼的长官,但两人交情很好。陈述古把苏轼当朋友看待。1074年,陈述古要调离杭州了,苏轼依依不舍,写下许多赠别的诗词,此为其中一首。事情的发生地在有美堂。

有美堂颇有来头。

嘉祐二年(1057年),梅挚出知杭州,宋仁宗赋诗送行,中有"地有吴山美,东南第一州"之句。梅挚到杭州后,就在吴山顶上建有美堂以见荣宠。

有美堂建成后,梅挚请欧阳修写了一篇《有美堂记》。其中几句是:"……独所谓有美堂者,山水登临之美,人物邑居之繁,一寓目而尽得之。盖钱塘兼有天下之美,而斯堂者,又尽得钱塘之美焉。宜乎公之甚爱而难忘也。"

站在有美堂,居高临下,钱塘之美尽入眼帘。欧阳修的话,的确是"有美堂"名字的点睛之论。

上阕一落笔是全景、远景,"湖山信是东南美,一望弥千里"。杭州之美,百闻不如一见。苏轼一望之下,杭州的湖光山色,真是让人印象深刻,心胸开阔。

接下来,从景物移到人,"使君能得几回来?"点出送别的主题。使君是对州郡长官的尊称,即陈述古。苏轼问:"你这一去,什么时候才能回来?"

美好的风景留不住你，那就让这场告别的酒留下你吧。

这便是苏轼"便使樽前醉倒、更徘徊"的原因，"请多喝点吧，让我们一直喝到醉倒在樽前，徘徊忘返"。人不就是这样吗？以为将来还有机会旧地重游，岂料再无可能。

下阕视角又生变化，从特定的人回到景物——沙河塘。它是杭州人烟密集之地，热闹繁华，故夜间灯火众多。

明代田汝成《西湖游览志余》有记载："沙河，宋时居民甚盛，碧瓦红檐，歌管不绝，官长往往游焉，故苏子瞻诗云：'云烟湖寺家家境，灯火沙河夜夜春。'又其佐郡时，意有所属，比来守郡，则其人去已矣。故其诗云：'惆怅沙河十里春，一番花老一番新。小楼依旧斜阳里，不见楼中垂手人。'"

在这首词里，苏轼描述了沙河塘夜晚点起的灯、不知何处传来的水调。"夜阑风静欲归时"，"夜阑"，是指深夜时分，不得不归去了，一切都静静的，"惟有一江明月、碧琉璃。"这是词人毫无杂质的自我心境的表达。"我对你，就像这一江明月一样。我们之前的友情，就像这碧琉璃一般的江月一样。"

无疑，相比另一首词《南乡子·送述古》里哭泣的苏轼，这首词是含蓄内敛的。但情感仍然深厚而绵长。

醉落魄①·离京口②作

轻云微月,
二更酒醒船初发。
孤城回望苍烟合。
记得歌时,
不记归时节。

巾偏扇坠藤床滑,
觉来幽梦无人说。
此生飘荡何时歇?
家在西南,
常作东南别。

① 醉落魄:词牌名。又名《怨春风》《章台月》等。
② 京口:今江苏省镇江市。

Drunk with Soul Lost
Leaving the Riverside Town
(1074)

The crescent moon veiled by cloud light,
I wake from wine when my boat sets sail at midnight.
Turning my head toward the mist-veiled lonely town,
I only remember the farewell song,
But not when from the wineshop I got down.

Hood wry, fan dropped, I slipped from wicker bed.
Whom can I tell the dreary dream I dread?
When from this floating life may I take rest?
My hometown in southwest,
Why do I oft in southeast bid adieu as guest?

赏析

宋神宗熙宁七年（1074年）冬，苏轼三十九岁，还在杭州通判任上，经常往来于京口（镇江）、丹阳、常州等地，公务繁忙，对故乡的思念不时涌上心头。这首词是他离开京口时所作。

上阕介绍了时间：二更，大概晚上九点到十一点之间，古代一夜分为五更，戌时为二更天。地点，在船上。

看苏轼的文字，会发现，他很多时候都是在船上。他从家乡离开四川到京城闯荡，是坐船。他奔走于仕途，处理百姓事务，是坐船。后来，他流放，也是坐船。而此时，不断地告别，从一个渡口到另一个渡口，从一个地方到下一个地方，也是坐船，苏轼仿佛没有根的浮萍，有点儿厌倦了。

"此生飘荡何时歇？"这不仅是苏轼的个人经验，也是很多人的人生经历。电影《阿飞正传》里，主人公阿飞有句台词："我听别人说，这世界上有一种鸟是没有脚的，它可以一直飞呀飞，飞得累了便在风里睡觉，这种鸟儿一辈子可以下地一次，那一次就是它死的时候。"

想停，却停不下来，"二更酒醒船初发"。

回头看去，京口这座孤城笼罩在烟雾中。有意思的是，苏轼说自己"记得歌时，不记归时节"。朋友为他饯行，又是喝酒，又是唱歌，他只记得这些欢快的时候。什么时候离去,什么时候到了船上,苏轼都不记得了。是真的不记得吗,还是有选择性地遗忘,而只记住了那些美好?就像张爱玲在《金锁记》里说的:"不多的回忆,将来是要装在水晶瓶里双手捧着看的。"

下阕写酒醒之后,苏轼发现自己的醉态:"巾偏扇坠藤床滑。"更重要的,是"觉来幽梦无人说"。什么幽梦?不能向外人说的幽梦是什么?读者不知道,苏轼也没说,我们只能猜测。从最后两句来看,苏轼是想回故乡了吗?

"此生飘荡何时歇?家在西南,常作东南别。"过了太多飘荡无依的日子,想起家乡,也是顺理成章的吧。苏轼家在四川眉山,离开故乡很久了,如今在江浙之地奔波于吏事,"此生飘荡何时歇"?这种感觉,在苏轼未来几十年会更强烈。他坐着船,离故乡越来越远,永远也回不到故乡去,但他会找到自己长久的驻留地,那是他的内心。"我心安处是吾乡。"而那是以后的事了,也是另外一个故事。

南乡子①·送述古②

回首乱山横,
不见居人只见城。
谁似临平山③上塔,
亭亭,
迎客西来送客行。

归路晚风清,
一枕初寒梦不成。
今夜残灯斜照处,
荧荧,
秋雨晴时泪不晴。

① 南乡子:词牌名,又名《好离乡》《蕉叶怨》,双调五十六字,上下阕各四平韵。
② 述古:陈襄,苏轼好友。
③ 临平山:在杭州东北。临平塔为送别时的标志。

Song of Southern Country
Farewell to a Friend
(1074)

Turning my head, I find rugged mountains bar the sky,
I can no longer see you in the town.
Who can be like the hilltop tower looking down,
So high?
It welcomed you from the west and bids you goodbye.

I come back at dusk in a gentle breeze.
On chilly pillow how can I dream with ease?
Where will the flickering lamp shed its lonely light
Tonight?
When autumn rain no longer falls drop by drop,
Oh, will tears stop?

赏析

宋神宗熙宁五年（1072年），即苏轼赴任杭州通判的第二年，陈述古接替前任杭州知州沈立之职，熙宁七年（1074年）七月，陈述古任期已满，移任南都（今河南商丘），苏轼追送其至临平（今余杭），写下了这首情真意切的送别词。

陈述古离任杭州前，苏轼写过好几首送别词，也参加过好几次送别宴，喝过好几次离别的大酒。而这次，是陈述古真的要走了，苏轼去送他。

和朋友分别，心情难免会很乱，很糟糕。心很乱的人，看什么东西都是乱的。这就像王国维在《人间词话》里说的，"有我之境，以我观物，故物我皆著我之色彩"。所以，上阕起首就是，"回首乱山横"。乱山横亘眼前，蝴蝶也难飞过沧海。

而彼此是那么依依不舍，一路相送，直到回头看不见城中的人影，"不见居人只见城"。这是离别的时刻，而谁能在离别中无动于衷呢？唯有临平山上高耸直立的塔，见证了无数分别，却依然伫立在那里，"谁似临平山上塔，亭亭，迎客西来送客行"。词人羡慕临平山上的塔能目送友人远去，自己却因视线受阻而深感遗憾。

下阕讲到送别归来后的情景："归路晚风清，一枕初寒梦不成。"在夜里都辗转难眠，"今夜残灯斜照处，荧荧"。从微弱的残灯可以推断,天快亮了,词人还没有睡着。而"荧荧",呼应了后面词人的眼泪。残灯斜照下,是那泪眼婆娑的眼睛。"秋雨晴时泪不晴。"秋风秋雨愁煞人,秋雨都停了,词人的眼泪却没停。

最后这一句,将词人情感的浓度推到最高点。除了词人自己,并无外人知道。

南乡子·梅花词和杨元素①

寒雀满疏篱。
争抱寒柯②看玉蕤。
忽见客来花下坐,惊飞,
踏散芳英落酒卮③。

痛饮又能诗。
坐客无毡醉不知。
花谢酒阑春到也,
离离,一点微酸已着枝。

---

① 杨元素:杨绘,字元素。苏轼为杭州通判时,杨元素是知州。
② 柯:树枝。
③ 酒卮(zhī):酒杯。

Song of Southern Country
Mume Blossoms for Yang Yuansu
(1074)

On the fence perch birds feeling cold,
To view the blooms of jade they dispute for branch old.
Seeing a guest sit under flowers, they fly up
And scatter petals over his wine cup.

Writing verses and drinking wine,
The guest knows not he's not sitting on felt fine.
Wine cup dried up, spring comes with fallen flower.
Leave here! The branch has felt a little sour.

赏析

前人咏梅,总喜欢赋予它一种孤高冷艳的性格,再配上一个人踏雪寻梅或独自赏梅,更增添梅花的韵致。但苏轼这首词开头很热闹,"寒雀满疏篱,争抱寒柯看玉蕤"。

疏疏的篱笆上,满是冬天的麻雀。它们争着飞到树上,欣赏白玉一样的梅花。

一个"满"字,一个"争"字,热闹的气氛呼之欲出。而"寒雀""寒柯""玉蕤",暗示了季候,也映衬了梅花的品格。是不是这个时候,只有这一树梅花绽放于此,才吸引这么多的麻雀?一时,留给读者无数遐想。

接着一句,转折非常快,"忽见客来花下坐,惊飞"。从寒雀、早梅引出赏梅之人,好像一个蒙太奇镜头,随着梅花的飘落,所有人的目光落在酒杯上,"踏散芳英落酒卮"。好一个"落"字,落花让人遗憾,这里却跌宕生姿。梅花落到酒杯里,又是一番美的体验。

下阕视角又一转,具体写来此的客人,都"痛饮又能诗"。唐代诗人刘禹锡有诗云:"苏州刺史例能诗。"苏轼也有词,"钱塘风景古来奇,太守例能诗"。这是赞美杭州太守杨元素和一起来的众宾客随从。

杨元素,即杨绘,元素是他的字。杨绘也是四川人,算是苏轼的老乡。在杭州时,他是苏轼的领导,彼此感情很好。

"坐客无毡醉不知。"因为有美景当前,所以才痛饮,才醉到感受不到寒意。有诗,有酒,有花,有友,"无毡"也无所谓。

最后,"花谢酒阑春到也,离离,一点微酸已着枝。"一首词,把梅花的开、落、结果都写到了。

有时候想,这宴席怎么那么久,之前还开着梅花,怎么又落了,又结出果实,而欢宴还在继续,春天已立在枝头。

永遇乐①·寄孙巨源

孙巨源以八月十五日离海州②,坐别于景疏楼③上。既而与余会于润州④,至楚州⑤乃别。余以十一月十五日至海州,与太守会于景疏楼上,作此词以寄巨源。

长忆别时,
景疏楼上,
明月如水。
美酒清歌,
留连不住,
月随人千里。
别来三度⑥,孤光⑦又满,

① 永遇乐:词牌名,双调一百零四字,二十二句,有平、仄两体。
② 海州:今江苏连云港市西南。
③ 景疏楼:在海州东北。宋人叶祖洽因景仰汉人二疏(疏广、疏受)建此楼。
④ 润州:今江苏镇江。
⑤ 楚州:今江苏淮安。
⑥ 三度:指三度月圆。孙巨源八月十五日离海州,至东坡十月十五日作此词,三见月圆。
⑦ 孤光:日月之光,此指月光。

Joy of Eternal Union
For Sun Juyuan

(1074)

I long remember when we bade goodbye
On Northeast Tower high,
The silvery moonlight looked like water bright.
But songs and wine, however fine,
Could not keep you from going away.
Only the moon followed you for miles on your way.
Since we parted, I've seen the moon wax and wane.

---

* The poet writes this lyric for a friend with whom he parted on a moonlit night.

冷落共谁同醉?
卷珠帘、
凄然顾影,
共伊到明无寐。

今朝有客,来从濉①上,
能道使君②深意。
凭仗清淮,
分明到海,
中有相思泪。
而今何在?
西垣清禁③,
夜永露华侵被。
此时看、回廊晓月,
也应暗记。

① 濉(suī):水名,宋时自河南经安徽到江苏萧县入泗水。
② 使君:指孙巨源,甫卸知州任,故仍以旧职称之。
③ 西垣(yuán):中书省(中央行政官署),别称西垣,又称西台、西掖。清禁:宫中。时孙巨源任修起居注、知制诰,在宫中办公。

But who would drink with lonely me again?
Uprolling the screen,
Only my shadow's seen,
I stay awake until daybreak.

Today your Friend comes from the river's end,
And brings to me your memory.
You ask the river clear
To bring nostalgic tear
As far as the east sea.
I do not know now where are you.
In palace hall by western wall,
Is your coverlet in deep night wet with dew?
When you see in the corridor the moving moonrays,
Could you forget the bygone days?

赏析

孙巨源是苏轼的同年好友,曾出任海州知州。宋神宗熙宁七年(1074年),他又被调回京城,到中书省任职。八月十五日,离任时,他在景疏楼与群僚告别。

三个月后,十一月十五日,苏轼在赴任密州知州的路途中,到达海州(今江苏连云港),新上任的海州知州在景疏楼为其接风,苏轼于席上作此词,寄给孙巨源,以表思念之情。

上阕是苏轼畅想孙巨源三个月前的八月十五日,在景疏楼上作别诸位同僚的情景。那时,"明月如水。美酒清歌,留连不住"。如今,"月随人千里",孙巨源到千里之外的京城去做官了。

而苏轼却在此地,陷入沉思和回忆。月亮还是那个月亮,但又不是。"别来三度,孤光又满,冷落共谁同醉?卷珠帘、凄然顾影,共伊到明无寐。"

下阕讲有客人从"滩上"来,他不久前曾与孙巨源碰面,所以带来了孙巨源想念苏轼的"深意",使得苏轼更加怀念朋友。

下一句,则来自苏轼天马行空的奇想:"凭仗清淮,分明到海,中有相思泪。""清淮"从京城(汴京)流到海州,又汇入大海,这江水里一定有朋友孙巨源相思的眼泪。

最后一段，词人的想象并未停止。"而今何在？"我的朋友孙巨源现在在哪里？"西垣清禁，夜永露华侵被。此时看、回廊晓月，也应暗记。"苏轼想象孙巨源在京城也一定看着西沉的月亮，想念自己。

这首词中，月亮从头到尾贯穿始终：离别之月，随友人而去之月，时光流逝之月，陪伴词人的孤独之月，友人相望之月。月亮穿越时空，连接远方的朋友和自己，与友谊同在。

安徒生有个童话，叫《月亮看见了》，讲的是月亮高悬夜空的三十三个夜晚，它照亮世界的角落，把看到的一切向人们娓娓道来。在月亮的叙述中，读者看到了河边为爱人深夜祈祷的女子，看到了乡村小镇里农家小孩的天真烂漫，看到了荒原山丘上的饮酒诗人，也看到了迁徙途中的逃难农民……借助月亮，所有人完成了彼此的相遇。

沁园春[①]

赴密州,早行,马上寄子由。

孤馆灯青,
野店鸡号,
旅枕[②]梦残。
渐月华收练,
晨霜耿耿;
云山摛锦[③],
朝露团团[④]。
世路无穷,
劳生有限,
似此区区[⑤]长鲜欢。
微吟罢,

① 沁园春:词牌名,又名《寿星明》《洞庭春色》等。双调一百十四字,平韵。
② 旅枕:比喻在旅店的睡眠。
③ 摛(chī)锦:似锦缎展开。形容云雾缭绕的山峦色彩不一。
④ 团团:形容露多的样子。
⑤ 区区:渺小,这里形容自己的处境不顺利。

Spring in a Pleasure Garden

(1074)

Written to Ziyou on My Way to Mizhou

The lamp burns with green flames in an inn's lonely hall,
The wayfarer's dream is broken by the cock's call.
Slowly the blooming moon rolls up her silk dress white,
The frost begins to shimmer in the soft daylight;
The cloud-crowned hills outspread their brocade
And morning dews glitter like pearls displayed.
As the way of the world is long,
But our toilsome life short,
So, for a man like me, joyless is oft my sort.
After humming this song,

---

* Mizhou was a poor district where officials under a cloud were sent.

凭征鞍^①无语,
往事千端。

当时共客长安^②,
似二陆^③初来俱少年。
有笔头千字,
胸中万卷;
致君尧舜,
此事何难!
用舍由时,
行藏在我,
袖手何妨闲处看^④。
身长健,
但优游卒岁,
且斗尊前^⑤。

① 凭征鞍:站在马身边。凭:依靠。
② 共客长安:苏轼、苏辙兄弟二人在嘉祐年间为应试而客居于汴京。长安,代指汴京。
③ 二陆:指西晋文学家陆机、陆云兄弟。
④ "用舍"二句:《论语·述而》:"用之则行,舍之则藏。"意为任用与否在朝廷,抱负施展与否在自己。袖手:不过问。行藏(cáng),意为被任用就出仕,不被任用就退隐。
⑤ 且斗尊前:犹且乐尊前。斗,喜乐戏耍之词。尊,酒杯。

Silent, on my saddle I lean,
Brooding over the past scene after scene.

Together then to the capital we came,
Like the two Brothers Lu of literary fame.
A fluent pen combined
With a widely-read mind,
Why could we not have helped the Crown
To attain great renown?
As times require,
I advance or retire,
With folded arms I may stand by.
If we keep fit,
We may enjoy life before we lose it.
So drink the wine-cup dry!

赏析

苏轼与弟弟苏辙感情深厚,三年杭州任职期满,为和在齐州(今山东济南)工作的弟弟更近一些,苏轼向朝廷请求到密州任职,得到批准。神宗熙宁七年(1074年),他由海州出发赴密州,这首词便作于移守密州早行途中。

词一起首,就向读者展示了一个旅途早行的场景:"孤馆灯青,野店鸡号,旅枕梦残。渐月华收练,晨霜耿耿;云山摛锦,朝露团团。世路无穷,劳生有限,似此区区长鲜欢。"此时,词人不禁思绪万千,"微吟罢,凭征鞍无语,往事千端"。

而场景,是实写,也可以是虚写。我们的一生也仿佛如此,从天不亮就起来赶路,为名为利,辛苦劳累奔波;对面前的一切,无心观赏,很少欢乐;等到年老了,回想往事,默默无语。"凭征鞍无语,往事千端。"

下阕词中:"当时共客长安,似二陆初来俱少年。有笔头千字,胸中万卷;致君尧舜,此事何难!"看上去口气不小,但这确是实情。那是苏轼和他弟弟苏辙最意气风发的时候。两个眉州少年,一个二十一岁,一个十九岁,初入京城,在科举考试中小试牛刀,立刻金榜题名,声名大噪,真是"致君尧舜,此事何难"。而往日有多辉煌,今日就有多凄凉。但这时候的苏轼,并没有被打败。他告诉弟弟,也告诉自己:"用舍由时,行藏在我,袖手何妨闲处看。"把一切看开，不再关心得失荣辱，就会有一种获得感，才可能做到"袖手何妨闲处看"。要不然，人是闲不下来的，只会在不断焦虑、痛苦、纠结中度过每一天。

同时，这首词也有着一种强烈的自我意识。虽然"用舍由时"，但"行藏"在"我"，出仕还是退隐，主动权在苏轼手中，他自己会去权衡和把握。他对自己生命的意义和价值都有真切的认识。

最后，"身长健，但优游卒岁，且斗尊前。"这是苏轼对自己和弟弟的祝福。

蝶恋花① · 密州上元

灯火钱塘三五夜②,
明月如霜,
照见人如画。
帐底吹笙香吐麝,
更无一点尘随马。

寂寞山城③人老也。
击鼓吹箫,
却入农桑社④。
火冷灯稀霜露下,
昏昏雪意云垂野。

① 蝶恋花:又名《凤栖梧》《鹊踏枝》等。唐教坊曲,后用为词牌名。
② 钱塘:此处代指杭州城。三五夜:每月十五日夜,此处指元宵节。
③ 山城:此处指密州。
④ 击鼓吹箫,却入农桑社:形容密州的元宵节远没有杭州的元宵节热闹,只有在农家祭祀时才有鼓箫乐曲。

Butterfly in Love with Flower
Lantern Festival at Mizhou
(1075)

On Lantern Festival by riverside at night,
The moon frost-white
Shone on the beauties fair and bright.
Fragrance exhaled and music played under the tent,
The running horses raised no dust on the pavement.

Now I am old in lonely hillside town,
Drumbeats and flute songs up and down
Are drowned in prayers amid mulberries and lost.
The lantern fires put out, dew falls with frost.
Over the fields dark clouds hangs low:
It threatens snow.

---

* The Lantern Festival falls on the fifteenth day of the first lunar month.

赏析

上元,又称上元节、元宵节、灯节。

在宋代,元宵节是非常重要和热闹的节日。据《东京梦华录》记载,为庆祝元宵节,皇宫前面,从年前冬至日开始,京城开封就开始用竹木搭建用于放灯的棚楼,饰以鲜花、彩旗、锦帛、绘画等,这种棚楼有个专门的名字,叫"山棚"。御街两边,每天也都有各色艺人表演魔术、杂技、说唱、歌舞、杂剧、蹴鞠、猴戏、猜灯谜等各种娱乐节目,每天都让人耳目一新。

到了元宵节放灯之期,山棚万灯齐亮,各种花灯争奇斗巧,这是节日的高潮。皇帝也会亲临现场观看演出,乐人们则不时带着观众山呼万岁。

在民间,不止在京城,许多地方也都是"家家灯火,处处管弦"。我们至今还能从许多宋人留下的诗词中,感受到当年的气氛。

就像李清照在词里说的:"中州盛日,闺门多暇,记得偏重三五。铺翠冠儿,捻金雪柳,簇带争济楚。"

也像辛弃疾的词里说的:"东风夜放花千树。更吹落,星如雨。宝马雕车香满路。凤箫声动,玉壶光转,一夜鱼龙舞。"

而欧阳修也有词写道:"去年元夜时,花市灯如昼。月上柳梢头,人约黄昏后。今年元夜时,月与灯依旧。不见去年人,泪湿春衫袖。"在这热闹的节日,孑然一身的欧阳修有些怅然若失。

而以上苏轼的这首词,也是关于元宵节的。它作于熙宁八年(1075年),当时苏轼在密州。他此时刚从杭州来密州任知州,正好遇到元宵佳节。

环境的变化会带来心境的变化,何况敏感者如苏轼。杭州富,密州穷;杭州繁华,密州偏僻。在偏僻的密州,苏轼回忆起曾经杭州的元宵佳节:"灯火钱塘三五夜,明月如霜,照见人如画。帐底吹笙香吐麝,更无一点尘随马。"那时的杭州,欢乐、明亮、洁净、香气四溢。

在密州,看不到这一切景象:"寂寞山城人老也。"从热闹到冷寂,从湖山胜地到寂寞山城,从人如画到人已老,没有对比就没有伤害。

直到词的最后,人的情绪始终是低沉的,"火冷灯稀霜露下,昏昏雪意云垂野"。人的寂落感始终挥之不去,如云幕低垂。

江城子

乙卯①正月二十日夜记梦

十年②生死两茫茫。
不思量,
自难忘。
千里③孤坟,
无处话凄凉。
纵使相逢应不识,
尘满面,
鬓如霜。

① 乙卯:北宋熙宁八年,即公元1075年。
② 十年:指结发妻子王弗去世已十年。
③ 千里:王弗葬地四川眉山与苏轼任所山东密州,相隔遥远,故称"千里"。

Riverside Town

(1075)

Dreaming of My Deceased Wife on the Night of the 20th Day of the 1st Month

For ten long years the living of the dead knows nought.
Should the dead be forgot
And to mind never brought?
Her lonely grave is a thousand miles away.
To whom can I my grief convey?
Revived e'en if she be, could she still know me?
My face is worn with care
And frosted is my hair.

---

* Written at Mizhou. The poet dreamed of his first wife, Wang Fu, whom he married in 1054, when she was fifteen. She died in 1065, and the following year, when the poet's father died, he carried her remains back to his old home in Sichuan and buried them in the family plot, planting a number of little pines around the grave mound.

夜来幽梦忽还乡。
小轩窗，
正梳妆。
相顾无言，
惟有泪千行。
料得年年肠断处，
明月夜，
短松冈。

Last night I dreamed of coming to my native place:
She's making up her face
At the window with grace.
We gazed at each other hushed,
But tears from our eyes gushed.
When I am woken, I fancy her heart-broken
On the mound clad with pines,
Where only the moon shines.

赏析

宋仁宗至和元年（1054年），苏轼十九岁时，与十六岁的王弗结婚。嫁到苏家后，王弗细心照料丈夫的饮食起居，二人恩爱情深。婚后五年，苏轼开始他飘荡的宦游生活，王弗陪伴在他左右，成为其贤内助。苏轼性格豪爽，毫无防人之心，王弗常提醒丈夫提防那些心口不一、曲意逢迎的所谓"朋友"。英宗治平二年（1065年），二十七岁的王弗去世。

宋神宗熙宁八年（1075年），苏轼任密州知州，年已四十。这一年正月二十日，他梦见爱妻王氏，便写下了这首"有声当彻天，有泪当彻泉"（陈师道语）且传诵千古的悼亡词。

上阕起首写夫妇十年生死相隔的情谊。

一个是时间的距离："十年"。人生还有几个十年？"不思量，自难忘。"苏轼不用刻意去想念妻子，因为她已成为他生命的一部分。

一个是空间的距离：千里之外。词人不在爱人的身旁，中间还横亘着死亡。"千里孤坟，无处话凄凉。"接下来的句子，使得情节和情绪再起波澜，"纵使相逢应不识，尘满面，鬓如霜"。本来无处话凄凉，现在说，即使相逢也不认识，因为这十年，历经生活和岁月的摧残，自己早已灰尘满面，鬓发如霜。

下阕写梦境。苏轼总是写梦,是一个写梦和记梦的高手。在这首词里,他梦见自己回到故乡,"夜来幽梦忽还乡",他和妻子在梦中相遇,妻子好像还是初嫁时的模样,"小轩窗,正梳妆"。然而,久别重逢,没有热烈的拥抱,没有互诉衷肠,只有"相顾无言,惟有泪千行"。最深的情感,是不用说出的情感,"无言"的爱更胜过千言万语。而"泪千行",又表明多少委屈,多少爱,多么痛苦和哀伤。

接下来这一句,又使得读者在阅读过程中情绪再次跌宕开去:"料得年年肠断处,明月夜,短松冈。"从梦境回到现实,苏轼再不可能见到妻子了。那明月照耀着的长着小松树的坟山,便是妻子年复一年地思念他而痛欲断肠的地方。

苏轼想念妻子,妻子何尝不在想念他,而这种思念哪怕死也无法停止,无法剥夺。情感在彼此的确认后,走向结束,走向顶峰。

江城子·密州①出猎

老夫②聊发少年狂:
左牵黄,
右擎苍,
锦帽貂裘,
千骑卷平冈。
为报倾城随太守,
亲射虎,看孙郎③。

酒酣胸胆尚开张,
鬓微霜,又何妨!
持节云中④,

---

① 密州:在今山东省诸城市。
② 老夫:作者自指。
③ 孙郎:三国时期东吴的孙权,这里是作者自喻。
④ 持节:带着皇帝的符节命令。节,兵符,传达命令的符节。云中:秦汉时郡名,在今内蒙古自治区托克托县一带。

Riverside Town
Hunting at Mizhou
(1075)

Rejuvenated, my fiery zeal I display:
Left hand leashing a yellow hound,
On the right wrist a falcon gray.
A thousand silk-capped and sable-coated horsemen sweep
Across the rising ground
And hillocks steep.
Townspeople come out of the city gate
To watch the tiger-hunting magistrate.

Heart gladdened with strong wine, who cares
For a few frosted hairs?
When will the imperial court send

何日遣冯唐①？
会挽雕弓②如满月，西北望，
射天狼③。

---

① 冯唐：汉文帝时人。根据《史记·冯唐列传》记载，他曾向汉文帝陈说云中太守魏尚征战有功，不应当为一点儿小差错（报功时文书上所载杀敌的数字与实际不符）就治罪。汉文帝采纳了冯唐的意见，并派他到云中郡去赦免魏尚的罪，仍让魏尚担任云中郡太守，并把冯唐升任为车骑都尉。苏轼此时任密州知州，故以魏尚自许，希望能得到朝廷的信任。
② 雕弓：雕镂花纹的弓。一说"雕弓"指星官，即天弓"弧矢"星，就是对付"天狼"的。
③ 天狼：星名，亦名犬星，在南天，主侵掠，这里代指辽和西夏。

Me as envoy with flags and banners? Then I'll bend
My bow like a full moon, and aiming northwest, I
Will shoot down the Wolf from the sky[①].

[①] The Wolf stands here for the Jiang tribesmen then fighting with the Hans.

赏析

词起笔,"老夫聊发少年狂"。一个"狂",是关键字,笼罩全篇。《论语·子路篇》有云:"不得中行而与之,必也狂狷乎!狂者进取,狷者有所不为也。"苏轼以狂而自负,狂是他人生理想的追求和表达,也是他保持自我真率本性的企求。

从这首词里,看看苏轼有多狂?

千骑追逐,如狂风卷落叶,好一幅壮观的围猎图景!太守打猎,百姓倾城来看,这是怎样的吸引力!打猎必要射虎,酒酣耳热之际,自比三国大英雄孙权,还要"会挽雕弓如满月,西北望,射天狼"。这样的神力,这样的气概,把弓拉得像满月一样圆,一箭就射下西北方的天狼星!天狼星主侵掠,代表叛逆的形象。

同时,这是一次动作的"盛宴"。牵、擎、卷、射、看、持、望、射……出猎的盛况,个人的雄心壮志等,悉皆跃然纸上。

值得一提的是,这也是现存苏轼的第一首豪放词,奠定了苏轼在词坛中作为开创者和改革者的重要地位。

宋神宗熙宁八年(1075年),苏轼任密州(今山东诸城)知州,一次偶然的出猎活动,激发他写了这首词。写完,他曾在《与鲜于子骏书》里说道:"近却颇作小词,虽无柳七郎风味,亦自是一家,呵呵。数日前猎于郊外,所获颇多。作得一阕，令东州壮士抵掌顿足而歌之，吹笛击鼓以为节，颇壮观也。"

柳七郎是苏轼以前最有名的词人柳永，所谓"凡有井水处，皆能歌柳词"。柳永的作品更多是表现浅酌低唱的男女情爱题材，苏轼别开生面，用豪放风格写狩猎题材，扩大了词的书写范围，"亦自是一家"，从此豪放词和婉约词在中国文学史上双峰并立，使词又走上一个新的发展阶段。

水调歌头 ①

丙辰②中秋,欢饮达旦,大醉,作此篇,兼怀子由。

明月几时有?
把酒问青天。
不知天上宫阙,
今夕是何年?
我欲乘风归去③,
又恐琼楼玉宇,
高处不胜寒。
起舞弄清影,
何似在人间。

---

① 水调歌头:词牌名,又名《元会曲》《台城游》《凯歌》《江南好》《花犯念奴》等。
② 丙辰:指宋神宗熙宁九年(1076年)。这一年苏轼在密州(今山东诸城)任知州。
③ 归去:回到天上去。

Prelude to Water Melody
Sent to Ziyou on Mid-autumn Festival
(1076)

On the mid-autumn festival, I drank happily till dawn and wrote this in my cups while thinking of Ziyou.

When did the bright moon first appear?
Wine-cup in hand, I ask the blue sky.
I do not know what time of year
It would be tonight in the palace on high.
Riding the wind, there I would fly,
But I'm afraid the crystalline palace would be
Too high and too cold for me.
I rise and dance, with my shadow I play.
On high as on earth, would it be as gay?

转朱阁,
低绮户,
照无眠。
不应有恨,
何事长向别时圆?
人有悲欢离合,
月有阴晴圆缺,
此事①古难全。
但愿人长久,
千里共婵娟。

① 此事:指人的"欢""合"和月的"晴""圆"。

The moon goes round the mansions red
With gauze windows to shed
Her light upon the sleepless bed.
Against man she should not have any spite.
Why then when people part is she oft full and bright?
Men have sorrow and joy, they part and meet again;
The moon may be bright or dim, she may wax or wane.
There has been nothing perfect since olden days.
So let us wish that man live as long as he can!
Though miles apart, we'll share the beauty she displays.

赏析

中国人对月亮总有一种特别的情感。吟咏月亮的诗很多,苏轼的这首《水调歌头》是其中的佼佼者。此词一出,无数吟咏月亮的作品皆黯然失色。

宋神宗熙宁九年(1076年),中秋节。时任密州知州的苏轼通宵痛饮直至天明,大醉,乘兴写下这首词,同时抒发对弟弟子由的怀念之情。他和弟弟六年未见了。苏轼上一个工作的地方在杭州,与地处江南富饶之地的繁华杭州相比,山东半岛上的密州就是一个穷乡僻壤,而苏轼主动请调,目的只有一个,就是离在济南的弟弟子由更近一些,以便有机会相见。但到了密州,苏轼也是忙于工作,与弟弟相聚之日遥遥无期。

起首第一句,便让人心动神摇:"明月几时有?把酒问青天。"这一问,乃石破天惊之问,我们读多了,尚不觉得。许多宇宙生命的问题乃至回答便从此而来。这也让人想起另一个"酒徒兼诗仙"李白的诗:"青天有月来几时?我今停杯一问之"(语出李白的《把酒问月》)。

接下来,苏轼带着我们开始神游,"不知天上宫阙,今夕是何年"。人的好奇心被撩拨起来,苏轼接着说,"我欲乘风归去",我们也打算出发了。但紧接着,来了一个转折,"又恐琼楼玉宇,高处不胜寒。起舞弄清影,何似在人间"。我们的想法也跟随苏轼及时打消了。

有两个世界：一个是天上的世界，一个是人间的世界；一个出世的世界，一个入世的世界；一个永恒的世界，一个无常的世界。到底前者好，还是后者好？

这个问题，纠缠着苏轼，也未尝没有纠缠过芸芸众生，并且使之夜不能眠。"转朱阁，低绮户，照无眠。"最后，苏轼试图说服自己，"不应有恨"。苏轼劝告自己也劝告别人，不要带着恨活下去。

而"何事长向别时圆"呢？从月亮过渡到对人的想念，呼应了词的小序，这是中秋佳节。最应该团圆的时候，苏轼和弟弟子由却不能相见。

人间好，还是天上好？这是一个问题。苏轼的回答，合乎中国人的心理。这宇宙人生，难以完美，因为"人有悲欢离合，月有阴晴圆缺，此事古难全"。

既然无法完美，那就期望自己和所想念之人都能活得长久一些。倘若如此，即使远隔千山万水，也可以共看同一轮明月。

苏轼安慰了自己，也安慰了每个月光下的中国人。

学者叶嘉莹说，在中国诗歌的历史之中，有两个人被认为有"仙才"，一个是李白，还有一个是宋朝的苏东坡，人们称他为"坡仙"。这一首词，正显露苏轼"坡仙"的一面。

阳关曲①·中秋月

暮云收尽溢清寒。
银汉无声转玉盘②。
此生此夜不长好,
明月明年何处看?

---

① 阳关曲:本名《渭城曲》。单调二十八字,四句三平韵。
② 银汉:银河。转:移动。玉盘:指月亮。

Song of the Sunny Pass
The Mid-autumn Moon
(1077)

Evening clouds withdrawn, pure cold air floods the sky;
The River of Stars mute, a jade plate turns on high.
How oft can we enjoy a fine mid-autumn night?
Where shall we view next year a silver moon so bright?

赏析

熙宁十年（1077年）八月十五日，苏轼作于徐州。这年二月，兄弟俩相会于澶濮之间的道上。苏辙送苏轼赴徐州上任，在徐州住了一百多天。在徐州，苏轼公务繁忙，不能经常陪弟弟，他心里难过。而这也是兄弟俩自成年以后，相聚最久的一段时期。苏轼十分珍惜这段时光。在中秋之夜，他作《阳关曲·中秋月》送别弟弟。八月十六日，苏辙将赴河南商丘上任。

这是一首有时间感的词，一切都在讲述时间。

词起首两句，是描述景物，也是讲述时间。"暮云收尽溢清寒。银汉无声转玉盘。"一个"溢"和一个"转"，让画面赏心悦目，颇具动感。很有可能是明月被暮云挡住了，而暮云收尽，清光便"溢"了出来，天空更显明亮。

银河无声，正如时间的悄无声息，而时间不会停下脚步，"银汉无声转玉盘"。明月在转动，这一夜也将要过去。李清照也有在一首词里写："天上星河转，人间帘幕垂。"

苏轼的诗词经常会写到，时间无情消逝，而人却不自知。比如在《洞仙歌·冰肌玉骨》里，他写道："起来携素手，庭户无声，时见疏星渡河汉。试问夜如何？夜已三更，金波淡，玉绳低转。但屈指西风几时来，又不道流年暗中偷换。"

在《阳关曲·中秋月》这首词里，时间也在偷偷溜走。

值此良辰吉日，八月十五中秋节，有亲人在旁，又有美景当前，这多么不容易。这样的时刻因为将要过去，不更值得珍惜吗？

于是，后两句就很自然地来了："此生此夜不长好，明月明年何处看？"

只要想想苏轼和弟弟数年不能相见，就更能体会这句话的含义。曾经，在密州，苏轼因无法和弟弟团聚，在中秋之夜写下那首流传千古的《水调歌头》（明月几时有）。

如今，还是中秋，他和弟弟终于相见，那就尽情游乐吧，以不辜负今日。

下一个中秋节，他和弟弟会在怎样的时空里相守或相望呢？苏轼不知道，也没有人知道。

浣溪沙①

徐门石潭谢雨,道上作五首。潭在城东二十里,常与泗水增减,清浊相应。

其一

照日深红暖见鱼,
连村绿暗晚藏乌。
黄童白叟聚睢盱②。

麋鹿逢人虽未惯,
猿猱闻鼓不须呼。
归来说与采桑姑。

其二

旋③抹红妆看使君,
三三五五棘篱门。

---

① 浣溪沙:唐玄宗时教坊曲名,后用为词牌名。双调四十二字,上片三句三平韵,下片三句两平韵。
② 睢盱:喜悦高兴的样子。
③ 旋:立即。

Silk-washing Stream
Thanks for Rain at Stony Pool
(1078)

I

In warm sunlight the Pool turns red where fish can be seen,
And trees can shelter crows at dusk with shades dark green.
With eyes wide open, old and young come out to see me.

Like deer the kids are not accustomed strangers to meet;
Like monkeys they appear unbidden as drums beat.
Back, they tell sisters picking leaves of mulberry.

II

Maidens make up in haste to see the magistrate;
By threes and fives they come out at their hedgerow gate.

相排踏破茜罗裙。

老幼扶携收麦社①,
乌鸢翔舞赛神村②。
道逢醉叟卧黄昏。

其三

麻叶层层檾③叶光,
谁家煮茧一村香。
隔篱娇语络丝娘。

垂白杖藜抬醉眼,
捋青捣麨软④饥肠。
问言豆叶几时黄?

其四

簌簌⑤衣巾落枣花,

---

① 收麦社:麦子收过之后举行的祭神谢恩的活动。
② 乌鸢:乌鸦、老鹰。赛神:用仪仗鼓乐迎神出庙、周游街巷等活动,称之为赛神。
③ 檾(qǐng):同"苘",俗称青麻。
④ 软:以酒食相慰劳。
⑤ 簌簌:纷纷下落的样子。

They push and squeeze and trample each other's skirt red.

Villagers old and young to celebration are led;
With crows and kites they dance thanksgiving in array.
At dusk I see an old man lie drunk on my way.

III

The leaves of jute and hemp are thick and lush in this land;
The scent of boiling cocoons in the village spreads.
Across the fence young maidens prate while reeling threads.

An old man raises dim-sighted eyes, cane in hand;
He picks new wheat so that his hunger he may ease.
I wonder when will yellow the leaves of green peas.

IV

Date flowers fall in showers on my hooded head;

村南村北响缫车。
牛衣①古柳卖黄瓜。

酒困路长惟欲睡,
日高人渴漫思茶。
敲门试问野人家。

其五

软草平莎②过雨新,
轻沙走马路无尘。
何时收拾耦耕③身?

日暖桑麻光似泼,
风来蒿艾气如薰。
使君元是此中人。

---

① 牛衣:为牛御寒的衣物,如蓑衣等,这里指穿着蓑衣(的人)。
② 平莎(suō):莎草,多年生草本植物。
③ 耦(ǒu)耕:两个人各拿一耜并肩耕作,此处泛指耕作。

At both ends of the village wheels are spinning thread;
A straw-cloaked man sells cucumbers 'neath a willow tree.

Wine-drowsy when the road is long, I yearn for bed;
Throat parched when the sun is high, I long for tea.
I knock at farmer's door to see to what he'll treat me.

V

After rain the paddy fields look fresh as soft grass;
No dust is raised on sandy roads where horses pass.
When can I come to till the ground with household mine?

Hemp and mulberry glint as if steeped in sunshine;
Mugwort and moxa spread a sweet scent in the breeze.
I remember I was companion of all these.

赏析

元丰元年（1078年），43岁的苏轼任徐州太守。春天，徐州大旱，苏轼率众人到城东二十里的石潭祈雨。得雨后，他又与百姓同赴石潭谢雨。路过乡村，写成组词《浣溪沙》，共五首。

第一首。苏轼写词，亦好像画画。"红""绿""黄""白"……大自然像一个巨大调色板，给苏轼以灵感。他随意抓取，就使整首词如图画般活跃，有鱼、鸟、猿猴、鹿等各种动物，有大人、小孩、老人、采桑姑等各色人物。而且动作、状态都不一样，看见鱼，藏起乌鸦，跑走鹿，招来好奇的猿猴……可谓有声有色。

第二首。旋抹、踏破、扶携、翔舞……姑娘们梳妆打扮争看苏轼一行，百姓庆祝丰收。最后一句："道逢醉叟卧黄昏。"在暮色的道路旁，一个老翁醉卧不醒。就好像一个摄像机一直拍全景，最后定格在某个人的身上，给了他一个特写。只有这个老翁是安静的，天色也暗淡下来，我们也到了一首词该结束的地方。

第三首，讲乡村农事活动。上阕是描述春蚕已老，蚕茧丰收的时节。下阕是老翁靠新麦炒成粉末果腹，作为官员的作者询问他，"问言豆叶几时黄"？前有蚕妇，后是老翁，颇有情味。

第四首。上阕描绘三个景象：簌簌落下的枣花，沾满了过路行人的衣巾；家家户户嗡嗡的缲车声响彻村南村北；盛夏，阴凉的古柳树下，早有卖瓜人占尽清凉福地，叫卖着黄瓜。有触觉，听觉，视觉，一个平常的农村夏日之景呼之欲出。

下阕则笔头一转，讲作为过路人自己的感受。酒喝多了，又走了很远的路，日高人倦，何处可提神醒脑？不如找户农家问问有没有茶水喝吧。"日高人渴漫思茶。敲门试问野人家。"这样浅白的语言，放在描述乡村最寻常普通的词中，妥帖有味。

第五首。上阕如久旱逢甘霖，通过写出草的"软"，沙的"轻"，以及"轻沙走马路无尘"，作者不禁说出："何时收拾耦耕身？"一路走来，苏轼对农村田园生活又心生向往。

下阕具体写了田园，可谓承上启下。一个是视觉的冲击，"日暖桑麻光似泼"。一个是嗅觉的冲击，"风来蒿艾气如薰"。最后，苏轼说出了"使君元是此中人"，这不是一时兴起，随意说说的。

苏轼出身农家，对农村生活并不陌生。苏轼虽然踏上仕途，但始终有一个回归田园生活的梦想。

几年后，苏轼遭遇"乌台诗案"，又死里逃生，被贬到黄州。他在黄州东坡弄了一块荒地，躬耕其间，终于"如愿以偿"，成了一个农夫。

永遇乐

彭城夜宿燕子楼梦盼盼因作此词①

明月如霜,
好风如水,
清景无限。
曲港跳鱼,
圆荷泻露,
寂寞无人见。
紞如②三鼓,
铿然一叶,
黯黯梦云惊断③。
夜茫茫,
重寻无处,

---

① 彭城:今江苏徐州。燕子楼:唐代时尚书张建封(一说张建封之子张愔)为其爱妾盼盼在宅邸所筑小楼。
② 紞(dǎn)如:击鼓声。
③ 梦云惊断:典出宋玉《高唐赋》楚王梦见神女:"朝为行云,暮为行雨。"梦云:夜梦神女朝云。云,喻盼盼。

Joy of Eternal Union
The Pavilion of Swallows
(1078)

I lodged at the Pavilion of Swallows in Pengcheng, dreamed of the fair lady Panpan, and wrote the following poem.

The bright moonlight is like frost white,
The gentle breeze like water clean:
Far and wide extends the night scene.
In the haven fish leap
And dew-drops roll down lotus leaves
In solitude no man perceives.
Drums beat thrice in the night so deep,
A leaf falls with a tinkling sound so loud
That gloomy, I awake from my dream of the Cloud.
Under the boundless pall of night,
Nowhere again can she be found

---

* The Pavilion of Swallows in Pengcheng (present–day Xuzhou) was the place where the fair lady Pan–pan, famous singer and dancer of the Tang dynasty, lived alone for more than ten years, refusing to remarry after the death of her beloved lord.

觉来小园行遍。

天涯倦客,
山中归路,
望断故园心眼①。
燕子楼空,
佳人何在,
空锁楼中燕。
古今如梦,
何曾梦觉,
但有旧欢新怨。
异时对,
黄楼②夜景,
为余浩叹。

---

① 心眼:心愿。
② 黄楼:徐州东门上的大楼,苏轼任徐州知州时建造。

Though in the small garden I have walked around.

A tired wayfarer far from home.
In the mountains may roam,
His native land from view is blocked.
The Pavilion of Swallows is empty. Where
Is the lady so fair?
In the Pavilion only swallows' nest is locked.
Both the past and the present are like dreams,
From which we have ne'er been awake, it seems.
We have but joys and sorrows old and new.
Some other day others will come to view
The Yellow Tower's night scenery,
Then they would sight for me!

赏析

宋神宗元丰元年（1078年），苏轼任徐州知州。城内有座古迹叫"燕子楼"，据传燕子楼是唐代张尚书为爱妾关盼盼所建。而词中提到的"黄楼"，是苏轼为纪念徐州百姓抗洪救灾而建。这些楼，都注定像苏轼在词里说的，"古今如梦"，物是人非。

上阕开头，"明月如霜，好风如水，清景无限"，是对秋夜整体的描写，看似信笔写来，不经意，不用力。接下来，"曲港跳鱼，圆荷泻露，寂寞无人见"，能看出苏轼敏锐的洞察力。正如后代点评家、学者顾随所说："曲港之鱼，人不静不跳；圆荷之露，夜不深不泻。虽是眼前之景，不是慧眼却不能见，不是高手却不能泻。更无论钝觉与粗心也。"

再往下看，"纮如三鼓，铿然一叶，黯黯梦云惊断。夜茫茫，重寻无处，觉来小园行遍"，这就恍然大悟了。原来，这是倒叙的写法。先是梦到关盼盼，然后梦被鼓声、叶声惊醒，夜半游园，"觉来小园行遍"，这才看到最开头的景象："明月如霜，好风如水，……"

然而，这样好的风景没能给苏轼以安慰。我们看到下阕，有点明白了。

苏轼累了，疲惫了，仕途奔波引起他如洪水袭来的倦怠感。他是登上燕子楼了吗？"望断故园心眼"，望不到遥远的故乡。而"燕子楼空，佳人何在"，关盼盼也已经不在了。后之视今，如今之视昔，将来也会有人见黄楼凭吊自己，如同今天自己凭吊燕子楼和关盼盼吧。"异时对，黄楼夜景，为余浩叹。"

苏轼醒来，看到眼前的良辰美景，"曲港跳鱼，圆荷泻露，寂寞无人见"。作为一个经常写梦和思考梦的诗人和词人，苏轼一生忙碌于仕途，他真的醒来了吗？在梦中，还是醒来？就好像庄周梦蝶，谁能说清。

在词的最后，苏轼感慨："古今如梦，何曾梦觉。"一切美好的东西似乎都将消逝，都如梦幻泡影，如露亦如闪电，无论黄楼、燕子楼，还是关盼盼，乃至苏轼自己。

顾随说："尽宇宙，彻今古，号称万物之灵底人也者，更无一个不是在大梦之中，更无觉醒之期。然后愈觉睡里梦里，而月如霜、风如水、鱼之跳，露之泻为可悲可痛也。"

卜算子 ①

黄州定惠院 ② 寓居作

缺月挂疏桐,
漏 ③ 断人初静。
谁见幽人独往来,
缥缈孤鸿影。

惊起却回头,
有恨无人省。
拣尽寒枝不肯栖,
寂寞沙洲冷。

---

① 卜算子:词牌名,北宋时盛行此曲。
② 定惠院:一作"定惠院",一作"定惠寺"。在今湖北省黄冈市东南。苏轼初贬黄州时曾寓居于此。
③ 漏:古人计时用的漏壶。这里"漏断"即指深夜。

Song of Divination

(1080)

Written at Dinghui Abbey in Huangzhou

From a sparse plane tree hangs the waning moon,
The waterclock is still and hushed is man.
Who sees a hermit pacing up and down alone?
Is it the shadow of a fugitive swan?

Startled, he turns his head
With a grief none behold.
Looking all over, he won't perch on branches dead
But on the lonely sandbank cold.

赏析

宋神宗元丰三年（1080年）的二月到五月，苏轼刚被贬到黄州，没有地方住，暂住在定惠院，这首词当作于此期间。

上阕，"漏"就是漏壶，古代的计时器。"漏断"表示夜晚将尽。弯弯的月亮悬挂在疏落的梧桐树上；夜阑人静，漏壶的水滴光了。

接下来，引人好奇，"谁见幽人独往来"。从风景的描写跳到写人，时间这么晚了，还有"幽人"在外面徘徊，到底是谁呢？

在苏轼同时期写的题为《定惠院寓居月夜偶出》的诗中，也写到了"幽人"，"幽人无事不出门，偶逐东风转良夜"。这首诗里的"幽人"，就是苏轼自己。所以，可以判断，《卜算子》（缺月挂疏桐）词的"幽人"也很可能就是苏轼自己。

刚到黄州，苏轼白天睡觉，晚上才一个人悄悄跑到定慧寺外去散步。"乌台诗案"给他造成的身心伤害，还没有恢复，他把自己活成了一个"幽人"。

接下来一句是，"缥缈孤鸿影"。"鸿"是苏轼诗词里不断被用到的意象。在苏轼刚刚踏上仕途时，他写道："泥上偶然留指爪，鸿飞那复计东西。"而这里，"幽人"和"孤鸿"的意象重叠在一起，以至于难分彼此。

下阕，承上启下，继续描写这只"孤鸿"，它受到惊吓而飞起，而回头，有很多憾恨，却无人知道；挑遍了寒枝也不肯栖息，甘愿在沙洲忍受寂寞、凄冷。

可以看出，这只"孤鸿"是有选择的，有坚守的；就像苏轼，即使遭遇贬谪，他儒家的操守始终没有改变。

这到底是一只拣尽寒枝不肯栖的孤鸿，还就是苏轼本人？谁能说清，又何必说清。

西江月 ①

世事一场大梦,
人生几度秋凉?
夜来风叶已鸣廊 ②,
看取眉头鬓上。

酒贱常愁客少,
月明多被云妨。
中秋谁与共孤光 ③,
把盏凄然 ④ 北望。

① 西江月:原为唐教坊曲,后用作词牌。
② 风叶:风吹树叶所发出的声音。鸣廊:在回廊上发出声响。此由风叶鸣廊联想到人生之短暂。
③ 孤光:指独在中天的月亮。
④ 盏:酒杯。凄然:凄凉悲伤的样子。

The Moon on the West River

(1080)

Like dreams pass world affairs untold,
How many autumns in our life are cold?
My corridor is loud with wind-blown leaves at night.
See my brows frown and hair turn white!

Of my poor wine few guests are proud;
The bright moon is oft veiled in cloud.
Who would enjoy with me the mid-autumn moon lonely?
Wine cup in hand, northward I look only.

赏析

这首词创作的时间有争议。有人说是元丰三年（1080年），苏轼被贬黄州所写。也有人认为是绍圣四年（1097年）苏轼被贬海南时所作。都有道理，今取前者。

来黄州后第一个中秋节，苏轼写这首词给弟弟苏辙。弟弟在"乌台诗案"中曾上书请求以自己的官职为苏轼赎罪，这时也被贬在筠州监盐酒税。在这团圆佳节，兄弟遥遥相隔。经历人生巨大变故，而又前路未卜，处境的艰难与心态的沉郁，不可抑制地从词人的笔下流淌出来。

"世事一场大梦，人生几度秋凉？"这是沉痛的领悟。经历了"乌台诗案"的无妄之灾与九死一生，苏轼更深刻地理解了这一点。接着他写眼前所历情景。夜风渐起，木叶鸣廊，可以想见，倏忽间便要落叶缤纷了。落叶辞柯，人生几何？眉间鬓上，早生华发，所谓"最是人间留不住，朱颜辞镜花辞树"，在"乌台诗案"的重大变故之后，在中秋这个特殊的节日之时，词人对时序的变换更加敏感。

下阕开头用"酒贱常愁客少"一句，将上下内容紧密联结，苏轼这里化用他喜欢的唐代诗人韩愈的诗句"人生如此少，酒贱且勤置"，仍然是感叹这如大梦一样的世事和人生，不过他反用了韩愈的意思，韩愈是因为酒价不贵所以时常购置，随时可以痛饮大醉，聊以度日，苏轼此时此刻则连一个来痛饮狂歌的朋友都找不到，虽然黄州酒贱，愁的却是没有一起喝酒的人，更显得孤寂落寞。

这句之后，词人又回到眼前中秋景色，"月出皎兮""劳心惨兮"，然而浮云蔽月，连这唯一给人安慰的孤悬月轮都常常被遮挡住。前人诗中有云："西风妒秋月，浮云重叠生。"真如这世事人生，总会出现那么多云谲波诡的阴暗挫折。最后两句，在这种种的寂寥之中，总算还有一点聊可慰怀：弟弟苏辙也许在筠州，也正和自己一样举杯望月，彼此思念吧。

"中秋谁与共孤光"一句，让我们想起了苏轼另一首中秋词名作《水调歌头》（明月几时有）里的句子："不应有恨，何事长向别时圆？人有悲欢离合，月有阴晴圆缺，此事古难全。但愿人长久，千里共婵娟。"

历史那么相似，同样是中秋举酒望月，而那一年的中秋，苏轼"欢饮达旦"，大醉赋诗，逸兴遄飞，虽有离愁别绪，但当年是"不应有恨"，如今只有面对孤光，"把盏凄然北望"了。

临江仙①

夜饮东坡②醒复醉,
归来仿佛三更。
家童鼻息已雷鸣。
敲门都不应,
倚杖听江声。

长恨此身非我有,
何时忘却营营③?
夜阑风静縠纹平。
小舟从此逝,
江海寄馀生。

---

① 临江仙:唐教坊曲名,后用作词牌名。
② 东坡:在湖北黄冈县东。苏轼被贬黄州时,友人马正卿助其垦辟的游息之所。
③ 营营:周旋、忙碌,内心躁急之状,形容奔走钻营,追逐名利。

Riverside Daffodils
Returning to Lingao by Night
(1080)

Drinking at Eastern Slope by night,
I sober, then get drunk again.
When I come back, it seems to be mid-night.
I hear the thunder of my houseboy's snore,
I knock but none answers the door.
What can I do but, leaning on my cane,
Listen to the river's refrain?

I long regret I am not master of my own.
When can I ignore the hums of up and down?
In the still night the soft winds quiver
On the ripples of the river.
From now on, I would vanish with my little boat,
For the rest of my life, on the sea I would float.

* Because of the last two lines, it is said, a rumour spread around that the poet had actually gotten into a boat in the night and disappeared. The governor of Huangzhou, who was responsible for seeing that Su Dongpo did not leave the district, rushed in alarm to the poet's house, to find him in bed snoring. Word of his supposed escape even reached the Emperor in the capital.

赏析

这首词是宋神宗元丰三年（1080年），苏轼因"乌台诗案"，被贬黄州后所作。此时，因为家眷来了，他不得不换一个住处，住在了城南长江边的临皋亭。

与此相关，还有个故事。据北宋末年叶梦得的《避暑录话》记载："子瞻在黄州，病赤眼，逾月不出，或疑有他疾，过客遂传以为死矣。有语范景仁于许昌者，景仁绝不置疑，即举袂大恸，召子弟，具金帛，遣人赒其家。子弟徐言：'此传闻未审，当先书以问其安否，得实，吊恤之，未晚。'乃走仆以往，子瞻发书大笑。故后量移汝州谢表有云：'疾病连年，人皆相传为已死。'未几，复与数客饮江上，夜归，江面际天，风露浩然，有当其意，乃作歌辞，所谓'夜阑风静縠纹平，小舟从此逝，江海寄馀生'者，与客大歌数过而散。翌日，喧传：'子瞻夜作此辞，挂冠服江边，拏舟长啸去矣。'郡守徐君猷闻之，惊且惧，以为州失罪人，急命驾往谒，则子瞻鼻鼾如雷，犹未兴也。然此语卒传至京师，虽裕陵亦闻而疑之。"

和以上故事不同的是，词里鼾声如雷的不是苏轼，而是家童。喝酒的地方也有不同，故事里是在长江上，词里明明说是"夜饮东坡"。

词里描绘出醉酒的苏轼深夜归来，敲门不应，被家童关在门外的窘境。他也不恼怒，而是"倚杖听江声"，从而悟出"长恨此身非我有,何时忘却营营"。

"此身非我有",来自老子《道德经》里的"吾所以有大患者,为吾有身;及吾无身,吾有何患"。

苏轼在万籁俱寂的深夜里,听着江声,一定也想起过往。自己是怎么到黄州来的?是怎么走到今天的?苏轼被贬到黄州时已经四十五岁了,人生都过了大半辈子,未来该怎么走呢?

在宋朝,人被贬官,连隐居都不可能,更不允许辞职回家,所以苏轼表达乘舟而去,浪迹江海的心愿,在黄州是不能实现的。所以《避暑录话》里写,这引起黄州郡守徐君猷的误会,以为苏轼逃跑,结果急忙去找,却发现他醉酒睡在家中。

很多时候,人往往被名利所驱使,无法成为自己的主人,失去了自己,心灵无所归依;就好像这首词里的苏轼,身为一家之主,却进不了自己的家门。

定风波 ①

三月七日,沙湖②道中遇雨。雨具先去,同行皆狼狈,余独不觉。已而遂晴,故作此词。

莫听穿林打叶声,
何妨吟啸且徐行。
竹杖芒鞋轻胜马,
谁怕?
一蓑烟雨任平生。

料峭春风吹酒醒,
微冷,
山头斜照却相迎。
回首向来③萧瑟处,
归去,
也无风雨也无晴。

① 定风波:词牌名。又名《卷春空》《定风波令》等。
② 沙湖:在今湖北黄冈东南三十里,又名螺丝店。
③ 向来:方才。

Calming the Waves
Caught in Rain on My Way to the Sandy Lake
(1082)

On the 7th day of the 3rd month we were caught in rain on our way to the Sandy Lake. The umbrellas had gone ahead, my companions were quite downhearted, but I took no notice. It soon cleared, and I wrote this.

Listen not to the rain beating against the trees.
I had better walk slowly while chanting at ease.
Better than a saddle I like sandals and cane.
I'd fain,
In a straw cloak, spend my life in mist and rain.

Drunken, I am sobered by the vernal wind shrill
And rather chill.
In front, I see the slanting sun atop the hill;
Turning my head, I see the dreary beaten track.
Let me go back!
Impervious to rain or shine, I'll have my own will.

赏析

词作于宋神宗元丰五年（1082年），苏轼与朋友春日出游，风雨忽至，朋友深感狼狈，词人却泰然处之，吟咏自若，缓步而行。

人生有两种境遇：一种是顺境，是"山头斜照"的雨后晴天；一种是逆境，是"穿林打叶"的风雨之日。大多数人喜欢前者，不喜欢后者，但谁也没办法保证人生永远是顺境。

写这首《定风波》时，正是苏轼被贬为湖北黄州团练副使的第三个春天。他在逆境中，他的逆境更甚于很多平常人。之前，他被关在"乌台"，这不仅是逆境，更是他"生死系于一线"的"大难"。但他走了出来，"回首向来萧瑟处，归去，也无风雨也无晴"。

词的上阕，"莫听"，我们却听到了，我们怎能不听到？"穿林打叶声"，可见声音之大。"谁怕？"声音到这里就高亢起来，声音在一首词里是具有生命的。仿佛黄钟大吕，与瓢泼大雨相抗衡。为什么不怕？因为"一蓑烟雨任平生"。在风雨中行走，度过每一天，一任自然。

词的下阕，就详细讲述"竹杖芒鞋轻胜马"的妙处了。不是在风雨中坐以待毙，不是麻木不仁，而是相反，继续去完成自己的人生。而那种自在，那种神完气足，都蕴含在这字里行间了："回首向来萧瑟处，归去，也无风雨也无晴。"

这时候的苏轼，不管风雨，还是天晴，都无所谓了。

在人生不同时期，苏轼写过好几首和"雨"有关的词。黄州的这首，是非常特别的一首。在这里，"雨"不仅作为大自然的现象和风景存在，也隐喻着人生的危难和恶劣的环境。借此，苏轼展露出不为外物束缚、超脱自由的达观心境。

满庭芳

蜗角^①虚名,
蝇头^②微利,
算来著甚干忙^③。
事皆前定,
谁弱又谁强。
且趁闲身未老,
须放我、
些子疏狂。
百年里,浑教是醉,
三万六千场^④。

---

① 蜗角:蜗牛角,比喻极其微小。
② 蝇头:本指小字,此取微小之义。
③ 著甚干忙:白忙什么。干忙,白忙。
④ 百年里,浑教是醉,三万六千场:语本自李白《襄阳歌》:"百年三万六千日,一日须倾三百杯。"

Courtyard Full of Fragrance

(1084)

For fame as vain as a snail's horn
And profit as slight as a fly's head,
Should I be busy and forlorn?
Fate rules for long,
Who is weak? Who is strong?
Not yet grown old and having leisure,
Let me be free to enjoy pleasure!
Could I be drunk in a hundred years,
Thirty-six hundred times without shedding tears?

思量，
能几许？
忧愁风雨，
一半相妨①。
又何须抵死，
说短论长。
幸对清风皓月，
苔茵展、
云幕高张。
江南好，
千钟美酒，
一曲《满庭芳》。

---

① 忧愁风雨，一半相妨：意谓一生日子中，心情和天气不好者分占一半。

Think how long life can last,

Though sad and harmful storms I've passed.

Why should I waste my breath

Until my death,

To say the short and long

Or right and wrong?

I am happy to enjoy clear breeze and the moon bright,

Green grass outspread

And a canopy of cloud white.

The Southern shore is fine

With a thousand cups of wine

And the courtyard fragrant with song.

---

* The poet talks about his attitude toward fame and wealth, his detached, transcendental way of living.

赏析

这首词是苏轼将词的题材扩大的又一个明证。之前少有词人像苏轼，一首词都是谈玄说理。

这首词很有可能是苏轼作于黄州时，那是他人生最低谷的时候。

苏轼深受庄子影响，他曾说："吾昔有见于中，口未能言。今见《庄子》，得吾心矣！"他的很多诗词，也都有庄子的影子，比如这首。他一开始就引用《庄子》中的一个寓言故事，以蔑视的眼光，称为"蜗角虚名，蝇头微利"。

庄子说，有两个建立在蜗牛触角上的国家，左边触角上的叫触氏，右边触角上的叫蛮氏，双方常为争地而战，伏尸数万。这个故事提醒了苏轼，许多世人苦苦追寻的东西，其实没有意义，甚至会带来人生的灾难。

"算来著甚干忙。"那些微不足道的名声，蝇头般微小的利益，许多人却偏偏为此而忙，为此而活。

"事皆前定，谁弱又谁强。且趁闲身未老，须放我、些子疏狂。百年里，浑教是醉，三万六千场。"既然命运是这样飘忽无常，不如珍爱生命，在酣饮沉醉中保有自己的本性，自己的"狂"，自己的真。这和庄子思想又一次不谋而合。

人喜欢思来想去，喜欢口舌之争，殊不知这恰恰妨碍了生命。苏轼一方面是自嘲,一方面是自省,"思量,能几许?忧愁风雨,一半相妨。又何须抵死,说短论长"。

幸好,大自然无穷无尽的清风皓月,无边无际的青草地,还有高张的云幕,等等一切,都会对人的狭小局促的生命构成一种拯救。

"幸对清风皓月,苔茵展、云幕高张。江南好,千钟美酒,一曲《满庭芳》。"

这让人想起庄子《逍遥游》中那只大鹏,想起庄子的"天地有大美而不言";又或者想起苏轼在《前赤壁赋》里的"惟江上之清风,与山间之明月,耳得之而为声,目遇之而成色;取之无禁,用之不竭。是造物者之无尽藏也,而吾与子之所共适"。

同样是清风皓月,"蜗角虚名,蝇头微利"的世界在"造物者"的世界面前,被消解,被遗忘了。

满庭芳

元丰七年四月一日,余将去黄移汝①,留别雪堂②邻里二三君子,会仲览③自江东来别,遂书以遗之。

归去来兮!
吾归何处?
万里家在岷峨④。
百年强半,来日苦无多。
坐见黄州再闰⑤,
儿童尽楚语吴歌。
山中友,
鸡豚社酒,
相劝老东坡。

① 去黄移汝:离开黄州,改任汝州。
② 雪堂:苏轼在黄州的居所名,位于长江边上。
③ 仲览:指李仲览,即苏轼友人李翔。
④ 岷峨:四川的岷山与峨眉山,此代指苏轼故乡。
⑤ 再闰:阴历三年一闰,两闰为五年,苏轼自元丰二年(1079年)被贬黄州,元丰三年闰九月,六年闰六月,故云再闰。

Courtyard Full of Fragrance
Leaving My Hall of Snow
(1084)

Why not go home?
Where shall I go today?
My home in Eyebrow Mountain is thousand miles away.
Fifty years old, I have not many days to come.
Living here for four years,
My children sing the Southern song.
Villagers and mountaineers
With meat and wine ask me to stay
In Eastern Slope for long.

云何!
当此去,
人生底事,
来往如梭。
待闲看秋风,
洛水清波①。
好在堂前细柳,
应念我,莫剪柔柯。
仍传语,江南父老,
时与晒渔蓑。

---

① 秋风洛水:西晋张翰在洛阳做官,见秋风起,想起故乡吴郡的莼菜、莼羹、鲈鱼脍,便弃官而归,此表示退隐还乡之志。

What shall I say
When I've left here?
How will my life appear?
Just as a shuttle comes and goes.
At leisure I'll see autumn breeze blows
And ripples the river clear.
I'll think of my willow tree slender.
Will you trim for me its twigs tender?
Please tell Southern villagers not to forget
To bask my straw cloak and fishing net!

赏析

宋神宗元丰七年（1084年）四月，因"乌台诗案"而谪居黄州达四年之久的苏轼，接到了量移汝州（今河南临汝）安置的命令。邻里友人纷纷相送，苏轼感动万分，临行时写下这首词。

开头是悲哀的，"归去来兮！吾归何处"？一个人没有回去的地方，一个人找不到归处。很多个日夜，苏轼一定都在想这个问题："吾归何处？"苏轼到黄州四十五岁，离开黄州已经四十九岁了。

而他说："万里家在岷峨。"苏轼仍然想念着万里之外的眉山老家。而他还在到处漂泊，回不了眉山老家。

"百年强半，来日苦无多。"苏轼知道自己剩下的日子不多了。人生一世，不过百年，苏轼六十六岁离世。

"坐见黄州再闰，儿童尽楚语吴歌。"视角一变，苏轼的视线从远处和未来拉回到此时、此地。

眼前的黄州也是他住过多年的地方。他的新宅在这里建成，他的孩子在这里长大，都带上了黄州的口音。黄州的父老乡亲也十分喜欢这位贬谪而来的团练副使，几年相处，他们把他当成亲人。临行前，黄州人带着酒食，前来挽留苏轼。

"山中友，鸡豚社酒，相劝老东坡。"

苏轼已经和黄州结下了深厚的感情，这已经不仅是一个谪居之地了，但苏轼又得离开，"云何！当此去，人生底事，来往如梭"。他可能也自问：人生为什么要像织布机上的梭子，往来奔波？

接下来，情感有了微妙的变化，"待闲看秋风，洛水清波"。"闲"字很重要。皇帝要苏轼量移汝州。黄州在长江流域，汝州在河南靠近黄河流域，黄河的支流洛水流过汝州。环境变了，所以称为"洛水清波"。在汝州，苏轼要继续在仕途上奔忙，身是无法闲的，但心可以闲下来。苏轼无论什么时候，都始终努力保持一种"闲适"的状态，只有这样，方能从"来往如梭"的不断奔波中超脱出来。

而苏轼，也有他的多情，他的牵挂。离开黄州前，他和自己家门前亲种的细柳告别。

"好在堂前细柳，应念我，莫剪柔柯。仍传语，江南父老，时与晒渔蓑。"

朋友们啊，不要折断我堂前的细柳，恳请父老乡亲们，时时为我晒着渔蓑。

苏轼还想回到黄州。尽管此后，他再也没有回到黄州。但黄州自他来后，从此大不同。

西江月

顷在黄州,春夜行蕲水①中,过酒家饮。酒醉,乘月至一溪桥上,解鞍曲肱,醉卧少休。及觉已晓,乱山攒拥,流水锵然,疑非尘世也。书此语桥柱上。

照野弥弥②浅浪,
横空隐隐层霄。
障泥③未解玉骢骄,
我欲醉眠芳草。

可惜一溪风月,
莫教踏碎琼瑶。
解鞍欹枕绿杨桥,
杜宇④一声春晓。

① 蕲水:水名,流经湖北蕲春县境,在黄州附近。
② 弥弥:水波翻动的样子。
③ 障泥:马鞯,垂于马两旁以挡泥土。
④ 杜宇:杜鹃鸟。

The Moon on the West River
Lines Written on a Bridge
(1082)

Wave on wave glimmers by the river shores;
Sphere on sphere dimly appears in the sky.
Though unsaddled is my white-jade-like horse,
Drunken, asleep in the sweet grass I'll lie.

My horse's hoofs may break, I'm afraid,
The breeze-rippled brook paved by the moon with white jade.
I tether my horse to a green willow
On the bridge and I pillow
My head on my arm till the cuckoo's songs awake
A spring daybreak.

---

* Written at Huangzhou on a spring night when the poet passed a wine-shop, drank there and then rode by moonlight to a bridge where he lay down and slept till dawn.

赏析

此词作于苏轼贬谪黄州期间。词前"小序"甚佳,值得细读。

这首词是大醉睡着后,复又醒来,写于溪桥桥柱上。它不是在某个正式的场合,搜肠刮肚,正襟危坐得来;而纯粹是兴之所至,顺其自然。它仿佛不是从笔端写下,而是如同溪水流淌出来的。试看苏轼写些什么:

"可惜一溪风月,莫教踏碎琼瑶。解鞍欹枕绿杨桥,杜宇一声春晓。"

一溪风月太迷人!月光洒满原野和清澈的溪水,水月交辉,好像缀满晶莹的珠玉。喝醉了的苏轼陶醉于眼前的景色,担心如果策马前行,马蹄将踏碎珍奇的琼瑶。他解鞍下马,躺在桥边,睡着了。醒来时,已经是早晨,杜鹃鸟在他头顶啼叫。

苏轼尽管被贬,满腔委屈和悲愤,但总能找到一种办法,放下一切,和自然融为一体,从中得到力量。

有意思的是,苏轼几次美妙的睡觉经历,都是和他被贬的地方有关。像这次在黄州,在一个春夜,因为太困,睡在一座桥上,醒来宛若来到天堂;还有一次,是在贬谪之地惠州,苏轼《纵笔》一诗描写了这次睡眠经历:"白头萧散满霜风,小阁藤床寄病容。报道先生春睡美,道人轻打五更钟。"

从这两个睡眠故事可以看出，苏轼真是潇洒。物质生活上，被贬如弃儿；而在精神生活上，富足如帝王。

南宋陆游还讲过一个小故事：

苏轼与弟弟苏辙被贬谪到南方时，曾经在梧州、藤州之间相遇。饥饿时，恰好路边有一家卖汤饼的摊贩。兄弟二人买面饼共吃，那汤饼粗劣得简直难以下咽。苏辙放下筷子叹气，苏轼却已经把自己的那份吃完了。他慢悠悠地对弟弟苏辙说："你还想细细咀嚼品尝吗？"说完，大笑着站起来。

对于粗劣的食物，苏轼能不辨滋味，随遇而安。这和黄州露营于溪桥之上的那个苏轼，是同一个苏轼。

浣溪沙

游蕲水清泉寺①,寺临兰溪②,溪水西流。

山③下兰芽短浸溪。
松间沙路净无泥,
萧萧暮雨子规啼。

谁道人生无再少?
门前流水尚能西。
休将白发唱黄鸡!

① 蕲(qí)水:县名,今湖北省浠水县。清泉寺:寺名,在蕲水县城外。
② 兰溪:河流名,也是蕲水的旧称。
③ 山:这里指蕲水县境内的凤栖山,在蕲水县东。

Silk-Washing Stream

(1082)

Visit to the Temple of Clear Fountain on the West-flowing Stream of Orchid

In the brook below the hill is drowned short orchid bud;
On the sandy path between pine-trees there's no mud
Shower by shower falls the rain while cuckoos sing.

Who says a man cannot be restored to his spring?
In front of the temple the water still flows west.
Why can't the cock crow at dawn though with a white crest?

赏析

这首词是宋神宗元丰五年（1082年）春三月，苏轼贬谪湖北黄州时期，游蕲水清泉寺时所作。

苏轼的《东坡志林》交代了有关这首词诞生的更多信息：

"黄州东南三十里为沙湖，亦曰螺蛳店，予买田其间。因往相田得疾，闻麻桥人庞安常善医而聋，遂往求疗。安时虽聋，而颖悟绝人，以纸画字，书不数字，辄深了人意。余戏之曰：'余以手为口，君以眼为耳，皆一时异人也。'疾愈，与之同游清泉寺。寺在蕲水郭门外二里许，有王逸少洗笔泉，水极甘，下临兰溪，溪水西流。余作歌云：'山下兰芽短浸溪，松间沙路净无泥。萧萧暮雨子规啼。谁道人生无再少？君看流水尚能西。休将白发唱黄鸡！'是日，剧饮而归。"

词的上阕，不管是浸泡在溪水里的、刚发芽的兰草，还是洁净无泥的"松间沙路"，抑或是阵阵的杜鹃声，都在说明：清泉寺是一个静心的好地方。

词的下阕，溪水的西流是眼前景，"寺在蕲水郭门外二里许，有王逸少洗笔泉，水极甘，下临兰溪，溪水西流"。而苏轼在这写景抒情之外，又说出了一番哲理：

"谁道人生无再少？门前流水尚能西。休将白发唱黄鸡！"

苏轼已经四十五岁了,之前,他在很多诗词里不断提到自己的衰老。这首词里,在中年和老年的危机面前,苏轼通过外在的风景去提振自己:"何必为逝去的岁月而悲伤,人生仍然拥有各种可能。"苏轼的一生,也的确让我们看到了人生本来就有无限可能。

"休将白发唱黄鸡",是苏轼借用白居易的诗《醉歌示妓人商玲珑》。后者写道:

"罢胡琴,掩秦瑟,玲珑再拜歌初毕。

谁道使君不解歌?听唱黄鸡与白日。

黄鸡催晓丑时鸣,白日催年酉前没。

腰间红绶系未稳,镜里朱颜看已失。

玲珑玲珑奈老何?使君歌了汝更歌。"

那黄鸡催促天的破晓,而白日又催促年的到来。日复一日,人就在时光流转中,逐渐年华老去。这一切大悲苦,不能有丝毫改变。而苏轼的这首词,却将它翻出新意。

一首词,单纯的说理是枯燥的。像苏轼这样,将下阕的讲理和上阕的景物描写融合在一起,便能使词充满情趣,焕发春的生机。我们也因此记住了"清泉寺"这个地名。

念奴娇①·赤壁②怀古

大江东去,
浪淘尽,
千古风流人物。
故垒西边,
人道是,三国周郎③赤壁。
乱石穿空,惊涛拍岸,
卷起千堆雪④。
江山如画,
一时多少豪杰。

① 念奴娇:词牌名。又名《百字令》《酹江月》等。
② 赤壁:此指黄州赤壁,一名"赤鼻矶",在今湖北黄冈西。一般认为,三国古战场的赤壁位于今湖北赤壁市蒲圻县西北。
③ 周郎:三国时吴国名将周瑜,字公瑾。少年得意,吴中皆呼为"周郎"。下文中的"公瑾",即指周瑜。
④ 雪:比喻浪花。

The Charm of a Maiden Singer
The Red Cliff
(1082)

The great river eastward flows;
With its waves are gone all those
Gallant heroes of bygone years.
West of the ancient fortress appears
Red Cliff where General Zhou won his early fame
When the Three Kingdoms were in flame.
Rocks tower in the air and waves beat on the shore.
Rolling up a thousand heaps of snow.
To match the land so fair, how many heroes of yore
Had made great show!

---

* Scene of the battle in 208 A.D. when General Zhou Yu defeated the enemy advancing forces.

遥想公瑾当年，
小乔初嫁了，
雄姿英发。
羽扇纶巾，
谈笑间，樯橹①灰飞烟灭。
故国神游，
多情应笑我，
早生华发。
人生如梦，
一尊还酹②江月。

① 樯橹：一作"强虏"。樯橹，指曹操的战船。
② 酹：洒酒于地或水中以祭神。

I fancy General Zhou at the height
Of his success, with a plume fan in hand,
In a silk hood, so brave and bright,
Laughing and jesting with his bride so fair,
While enemy ships were destroyed as planned
Like castles in the air.
Should their souls revisit this land,
Sentimental, his bride would laugh to say:
Younger than they, I have my hair turned grey.
Life is but like a dream.
O Moon, I drink to you who have seen them on the stream.

赏析

这首叫《念奴娇·赤壁怀古》的词，最为家喻户晓。

宋神宗元丰五年（1082年）七月，苏轼谪居黄州时所写，当时他四十五岁，因"乌台诗案"被贬黄州已两年余。他的仕途很可能要画上句号了，宋神宗不太可能会再起用他，他的后半生就要在黄州小城度过了。

他心中有无尽的哀伤，无从诉说，来到黄州城外的赤鼻矶以放松情绪，写下此词。

上阕开头，"大江东去，浪淘尽、千古风流人物"。万里长江，奔涌而来，又奔涌而去，撞击苏轼的灵魂。"这是哪里？我是谁？我为何到此？"千年时光和个人的情感遭遇，一齐涌上苏轼的心头。

接下来，苏轼回答："故垒西边，人道是，三国周郎赤壁。"这是赤壁，这是赤壁之战的赤壁；这是三十四岁的周瑜大败五十四岁的曹操，获得不世奇功的赤壁。但苏轼也说，它不一定是三国的赤壁，一切都是道听途说，而这并不重要。

重要的是，苏轼被眼前的赤壁震惊。"乱石穿空，惊涛拍岸，卷起千堆雪。"乱石高高挺立，好像插入天空。大江汹涌澎湃，惊涛拍打江岸，浪花卷起，像成千上万堆雪花飞溅。

这大自然的震撼，苏轼怎能抵挡。还有时间的压力，英雄豪杰的压力，它们叠加在一起，形成给苏轼的三重压力。"遥想公瑾当年，小乔初嫁了，雄姿英发。羽扇纶巾，谈笑间，樯橹灰飞烟灭。"苏轼又一次想起周瑜，少年英姿，雄才大略，而自己呢？"故国神游，多情应笑我，早生华发。"到黄州，苏轼已经四十多岁，白发提醒他不再年轻。在黄州这被贬之地，他还一事无成。

他承载了多少期望，多少人羡慕和赞叹的目光，也有他对自己的期待。

"大江东去，浪淘尽，千古风流人物。"

人要有历史的眼光，把自己也放到历史的长河里去，古今的人物会过去，苏轼也要过去。

"古今的人物留下了什么？我又留下了什么？"如此思考，才有可能让自己放下。苏轼遭遇的磨难，包括被贬黄州，放在历史当中去，不算什么。

"人生如梦，一尊还酹江月。"

焦虑和折磨，笼罩着苏轼。而苏轼还是一个多情的人，多情又让他生出这么多的烦扰，这么多的白发。他在酒和江月中得到了安慰，后来的人也在他的词里找到了慰藉。

水龙吟①

次韵章质夫杨花词②

似花还似非花,
也无人惜从教③坠。
抛家傍路,
思量却是,
无情有思。
萦损柔肠,
困酣娇眼,
欲开还闭。
梦随风万里,
寻郎去处,
又还被、
莺呼起。

① 水龙吟:词牌名。又名《龙吟曲》《庄椿岁》《小楼连苑》。
② 次韵:用原作之韵,并按照原作用韵次序进行创作,称为次韵。
  章质夫:章楶(jié),建州浦城(今福建)人。时任荆湖北路提点刑狱,常与苏轼诗词酬唱。
③ 从教:任凭。

Water Dragon's Chant
Willow Catkins
(1081)

After Zhang Zhifu's lyric on willow catkins, using the same rhyming words.

They seem to be and not to be flowers,
None pity them when they fall in showers.
Deserting home,
By the roadside they roam;
I think they have no feeling to impart,
But they must have thoughts deep.
Grief numbs their tender heart,
Their wistful eyes heavy with sleep,
About to open, yet closed again.
They dream of going with the wind for long,
Long miles to find a tender-hearted man,
But are aroused by the orioles' song.

不恨此花飞尽,
恨西园、
落红难缀。
晓来雨过,
遗踪何在?
一池萍碎。
春色三分,
二分尘土,
一分流水。
细看来,
不是杨花,
点点是、
离人泪。

I do not grieve willow catkins have flown away,
But that in Western Garden the fallen red
Cannot be gathered. When dawns the day
And rain is o'er, we cannot find their traces
But a pond with broken duckweeds o'erspread[①].
Of spring's three graces,
Two have gone with the roadside dust,
And one with the waves. If you just
Take a close look, you will never
Find catkins but tears of those who sever,
Which drop by drop
Fall without stop.

① Su Dongpo's own note reads, "It is said that when willow catkins fall into the water, they turn into duckweeds. I have tested it and found it true."

赏析

苏轼创作过一些咏物词，这是最著名的一首咏物词。

学者叶嘉莹说："这不是一首普通的咏物词。"她的理由是苏轼将这首和词寄给章质夫的时候，同时附寄了一封书信。信中写道："某启。承喻慎静以处忧患，非心爱我之深，何以及此，谨置之座右也。《杨花》词妙绝，使来者何以措词，本不敢续作，又思公正柳花飞时出巡按，坐想四子，闭门愁断，故写其意，次韵一首寄去，亦告不以示人也！"

苏轼对章质夫说："我听从吩咐每天谨慎小心地处于忧患之中，你的这首《杨花》词太绝妙了，我本来不敢续作的，但是想到你正在此时出任巡按，想了半天，还是写了一首。但是，你千万别让别人看见！"

"亦告不以示人也！"透露了苏轼不仅把这首词视为一首简单的咏物词，而是把自己的流落之感写到了词里。有心人自可体会。

细读这首词，它带着一些模糊、一些暧昧、一些含糊不清，在虚实之间、似与不似之间，拉扯人的情感，以曲笔写衷情。

"似花还似非花"，到底是不是花呢？与百花相比，杨花太小，加上色淡无香，从不被人关注，"也无人惜从教坠"。故有此说。

但真没有人疼惜吗？再来看下面："抛家傍路，思量却是，无情有思。萦损柔肠，困酣娇眼，欲开还闭。梦随风万里，寻郎去处，又还被、莺呼起。"这都是疼惜啊！如果没有这些疼惜，怎么能深入观察到杨花这么多的愁绪？

而苏轼又说："不恨此花飞尽，恨西园、落红难缀。"这似乎在承接上阕，杨花到底不是那些争奇斗艳的百花，所以它的掉落毫不足惜。但万红凋落意味着春天要结束了。而别说百花，杨花也要看不到了。于是，苏轼抓紧去寻它，但哪里还有杨花，只有离人的眼泪。"细看来，不是杨花，点点是、离人泪。"

真的不恨吗？不是的。那杨花是花吗？不仅是花，也是人。"春色三分，二分尘土，一分流水。"而春色，落在尘土里，落在流水里，这是花和人共同的命运。

八声甘州①·寄参寥子②

有情风万里卷潮来,

无情送潮归。

问钱塘江上,

西兴③浦口,

几度斜晖?

不用思量今古,

俯仰昔人非④。

谁似东坡老,

白首忘机⑤。

① 八声甘州:词牌名。源于唐大曲,又名《甘州》《潇潇雨》。
② 参寥子:僧人道潜,字参寥,浙江于潜人。精通佛典,工诗,与苏轼相交甚厚。
③ 西兴:西陵,在钱塘江南,今杭州市对岸,萧山县治之西。
④ 俯仰昔人非:出自王羲之《兰亭集序》中的"俯仰之间,已为陈迹"。
⑤ 忘机:忘却世俗的机诈之心。

Eight Beats of Ganzhou Song
For a Buddhist Friend

(1091)

The heart-stirring breeze brings in the tidal bore;
The heartless wind sees it flow out from river shore.
At the river's mouth
Or the ferry south,
How many times have we heard parting chimes?
Don't grieve over the past!
The world changes fast.
Who could be like me,
Though white-haired, yet carefree?

* This lyric describes the poet's friendship with a Buddhist.

记取西湖西畔,
正春山好处,
空翠烟霏。
算诗人相得,
如我与君稀。
约它年东还海道,
愿谢公雅志①莫相违。
西州路,
不应回首,为我沾衣②。

① 谢公雅志:《晋书·谢安传》载:谢安虽为大臣,"然东山之志始末不渝","造泛海之装,欲经略初定,自江道还东。雅志未就,遂遇疾笃"。雅志,很早立下的志愿。
② "西州路"三句:《晋书·谢安传》载:谢安在世时,对外甥羊昙很好。谢安死后,其外甥羊昙"辍乐弥年,行不由西州路"。某次醉酒,过西州门,回忆往事,"悲感不已","恸哭而去"。西州,古建业城门名。晋宋间建业(今江苏南京)为扬州刺史治所,以治所在城西,故称西州。

Do not forsake the western shore of the lake:
On fine day the vernal hills are green;
On rainy day they are veiled by misty screen.
Few poets would be
Such bosom friends as you and me.
Do not forget in our old age,
We'll live together in hermitage.
Even if I should disappear,
You should not turn to weep for your compeer.

赏析

这首词作于宋哲宗元祐六年（1091年），苏轼第二次到杭州，担任知州期间。

参寥子是苏轼的好友，在徐州时经秦观介绍，结为莫逆之交。苏轼贬谪黄州时，参寥子不远千里赶去，追随他数年。元祐六年（1091年）苏轼将要调离杭州赴汴京时，作此词赠予参寥子。

上阕写钱塘江的江潮，豪迈而又悲凉。

苏轼眼里常含感情，"有情风万里卷潮来"。但苏轼也清醒，他看到了有情的另一面是无情，"无情送潮归"。那风多情而又无情，卷来钱塘江潮，又无情送潮归，自然人生都是如此。这是苏轼一种达观的智慧，能帮助他获得超越。

接着，"问钱塘江上，西兴浦口，几度斜晖？"钱塘江上，西兴浦口，那一定都是和朋友参廖子驻足停留、漫步游赏的地方。而苏轼发现，时间的改变是惊人的，不用去拿古今做比，一俯一仰之间，早已物是人非。"不用思量今古，俯仰昔人非。"如同现代诗人洛夫的一首诗《烟之外》中的一段：

…………

潮来潮去

左边的鞋印才下午

右边的鞋印已黄昏了

…………

和苏轼的词一样,洛夫的诗同样有时光流逝之快的魔力。

联系下句"谁似东坡老,白首忘机"理解,容易让人想起宋代朋党之争。一个人的升迁和贬谪,是如此迅疾,好像潮来潮去。"谁能像我苏轼,把种种机心都忘却呢?"

"忘机"来自一个典故。据《列子·黄帝》记载:传说从前海上有一个人喜欢鸥鸟,每天坐船到海上,鸥鸟便下来与他游玩。一天他父亲对他说:"吾闻沤鸟皆从汝游,汝取来,吾玩之。"于是他就有了捉鸟的"机心",从此鸥鸟再也不下来了。

这首词的背景,是苏轼得到调令,被召至京城充任翰林学士。这本是好事,而词里没有一点喜庆之意,苏轼一定预感到自己又将成为党争的牺牲品。但他超然物外,因为"白首忘机"。

重要的,是一个"忘"字。苏轼忘掉的是机心,是名利荣华;忘不掉的,是作为儒家士大夫的使命、自己的政治理想。

在《庄子》里,庄子多次讲到忘,"坐忘""忘己""相忘于江湖"……"忘"是一种本领。

庄子还讲了一个小故事:一个人开船撞到一只空船,

即使他是一个脾气很坏的人,他也不会生气;但如果他看到有一个人在船上,他将会对他大喊大叫,甚至破口大骂,这一切都因为有人在那只船上,但如果那只船是空的,他一定不会大声喊,一定不会生气。

苏轼想让自己变成一艘空船,就像庄子所言:"人能虚己以游世,其孰能害之!"

下阕,紧跟上阕。苏轼忘记了机心,没忘记的,是和参廖子的友情。庄子也是如此,他想让世人忘记许多东西,而他念兹在兹的,是希望每个人看到生命的大道。

回到这首词:"记取西湖西畔,正春山好处,空翠烟霏。"苏轼对参廖子说:"我难以忘记,在美丽的春山之中,在空濛、晴翠的山峦雾霭云烟中,在西湖和你在一起的日子。"

苏轼为什么会记得这些珍贵的时刻?他说,"算诗人相得,如我与君稀。"

"在诗人当中,彼此相宜,如同我和你这样友情的,是千古难求的。"这是参廖子在苏轼心中的重量,也是苏轼的多情。而他又和朋友参廖子约定:"约它年东还海道,愿谢公雅志莫相违。西州路,不应回首,为我沾衣。"

这里又用到一个典故。据《晋书·谢安传》记载,谢安东山再起后,时时不忘归隐,但终究还是病死于西州门前,未能实现其归隐的"雅志"。他的外甥羊昙整整一年没有唱歌、没有听音乐，外出和回来也不经过西州门，而是绕道而行，怕触景生情，引发哀伤。有一次，他喝得大醉，无意中走过西州门，等到觉察过来，已经悔之晚矣，于是大哭而去。

苏轼虽然被召还赴京，但退隐之志仍在。他对参廖子说："有一天我要离开汴京，从海道回来，希望我的愿望能够实现，也希望我不要死在那边，希望你不必如谢安的外甥羊昙一样，为我哭泣。"

可是，后来苏轼并没有退隐，他继续在仕途中流转，直到被贬海南。年老的参寥子曾准备过海去找他。苏轼赶紧写信劝阻，他才作罢。

苏轼和参廖子的友谊，是一个温暖的故事。正是这种人与人之间亲密的连接，为饱经忧患和虚无的人生提供意义，这也是无情世界里的有情证明。

清代郑文焯《手批东坡乐府》曾高度评论此词："突兀雪山，卷地而来，真似钱塘江上看潮时，添得此老胸中数万甲兵，是何气象雄且杰！妙在无一字豪宕，无一语险怪，又出以闲逸感喟之情，所谓骨重神寒，不食人间烟火气者。词境至此，观止矣！"

临江仙①·送钱穆父②

一别都门三改火③,
天涯踏尽红尘。
依然一笑作春温。
无波真古井,
有节是秋筠④。

惆怅孤帆连夜发,
送行淡月微云。
尊前不用翠眉颦。
人生如逆旅⑤,
我亦是行人。

① 临江仙:原唐教坊曲名,后用作词牌名。
② 钱穆父:钱勰,苏轼友人。
③ 都门:指汴京。改火:古代钻木取火,四季换用不同木材,称"改火",这里指年度的更替。
④ 筠(yún):竹子的青皮,借指竹子。
⑤ 逆旅:旅舍,旅店。

Riverside Daffodils
Farewell to a Friend
(1091)

Three years have passed since we left the capital;
We've trodden all the way from rise to fall.
Still I smile as on warm spring day.
In ancient well no waves are raised;
Upright, the autumn bamboo's praised.

Melancholy, your lonely sail departs at night;
Only a pale cloud sees you off in pale moonlight.
You need no songstress to drink your sorrow away.
Life is like a journey;
I too am on my way.

---

* The poet thinks life is like a journey.

赏析

这首词是宋哲宗元祐六年（1091年）春，苏轼知杭州时为送别自越州（今浙江绍兴）徙知瀛洲（今河北河间）途经杭州的老友钱穆父而作。

三年前，就是元祐三年，钱穆父出知越州，都门帐饮时，苏轼曾赋诗赠别。

此次杭州重聚，苏轼将唏嘘感慨再次化为文字："一别都门三改火，天涯踏尽红尘。"三年来，钱穆父奔走于京城和吴越之间，如今又要远赴瀛州，"天涯踏尽红尘"。

但即使时事变迁，老友也没有被生活打败，"依然一笑作春温"，"依然"二字，很重要，很难忘。钱穆父的欢笑，像和煦的春天，温暖了苏轼的内心。

而让苏轼更加感动的，是老友依然坚守心中的道，保持住了耿介正直的气节。

"无波真古井，有节是秋筠。"

这是一种魅力，一种人格的吸引。苏轼借用了白居易《赠元稹》里的一句诗，即"无波古井水，有节秋竹竿"。他们的友情，也如元稹和白居易的情谊一样刻骨铭心。

在波诡云谲的时代，有人能不起波澜，不被时代风浪带走，"在自己身上克服这个时代"。

苏轼赞美老友，其实也表明了自己的交友之道。要交就交这样的朋友，要做，就做这样的人。

然而，朋友要离去了。"惆怅孤帆连夜发，送行淡月微云。"这是实写送别的场景。

对三年不见的朋友来说，相见便是相别。这太惆怅，太残忍。

但苏轼给钱穆父打气，"尊前不用翠眉颦"。歌伎啊，在这离别的宴席上，你不用为离愁别恨而哀怨。这句话表面看是说给歌伎的，其实何尝不是说给钱穆父的。原因何在，苏轼说因为"人生如逆旅，我亦是行人"。

人生在世，每时每刻，无论是"天涯踏尽红尘"，还是"惆怅孤帆连夜发"，你我都是行人，都在逆旅之中。

有人从此读出消沉，也有人从此得到了解脱和安慰。既然人人都是天地间的过客，就不必计较眼前聚散和得失，看开，放下，舍得。

蝶恋花[①]·春景

花褪残红青杏小。
燕子飞时,
绿水人家绕。
枝上柳绵吹又少,
天涯何处无芳草!

墙里秋千墙外道。
墙外行人,
墙里佳人笑。
笑渐不闻声渐悄[②],
多情却被无情恼。

[①] 蝶恋花:词牌名。又名《凤栖梧》《鹊踏枝》等。
[②] 渐悄(qiǎo):声音渐渐消失。

Butterfly in Love with Flower
Red Flowers Fade
(1095)

Red flowers fade and green apricots are still small
When swallows pass
Over blue water which surrounds the garden wall.
Most willow catkins have been blown away, alas!
But there is no place where will not grow sweet green grass.

Without the wall there's a path within there's a swing.
A passer-by
Hears the fair maiden's laughter in the garden ring.
As the ringing laughter dies away by and by,
For the enchantress the enchant'd can only sigh.

赏析

上阕,起首第一句就是"花褪残红青杏小",杏花已经凋谢,不多的一点儿红色也已经褪去……这是暮春时节。但苏轼并未沉浸于伤感中。他看到,花儿褪尽之后,树梢上长出的小小青杏。有毁灭,就有诞生。初生的"青杏",冲淡了伤感之情。

再读下去:"燕子飞时,绿水人家绕。"燕子在天空飞舞,清澈的河流围绕着村落人家,正是美好的春光。

人沮丧的心情在此得到安慰,还将在下一句中得到提振:"枝上柳绵吹又少,天涯何处无芳草!"

这表现了苏轼的旷达,成为后来被不断引用的金句。但旷达的苏轼,却被什么东西牵引,无法离开,无法去天涯找他的"芳草"。词的下阕,告诉了我们原因:"墙里秋千墙外道。墙外行人,墙里佳人笑。"

一方面是自作多情的墙外行人,一方面是墙内荡着秋千、笑盈盈的佳人。

是什么样的佳人?是何事引发的笑声?这吸引住了苏轼,也激发了千年之后作为读者的我们的好奇心。但想了解,已来不及:"笑渐不闻声渐悄,多情却被无情恼。"

我们也可能是苏轼这首词的多情人。在一堵墙外站着,徘徊,想着墙里的一切,不仅仅只是佳人的笑声。我们怀念某一个时代,某一个地方,某一个人,某一个时刻,想回去，这个念头久久不去，煎熬着自己，纯粹是因为自己多情。

苏轼也想放下，他从春天领悟出"天涯何处无芳草"的道理，但又被佳人所吸引。可见，道理容易懂，做到，却很难。

人不能耽溺于情感，但也不能毫无感情。

"天涯何处无芳草！"可以使人走向旷达，也可以走向随意和情感的泛滥。好在苏轼不是这样的人，于是，我们又想起了下阕那份执着。

这首词的写作时间并没有客观的证据，但有个相关的小故事流传下来。

据清代学者张宗橚《词林纪事》记载：苏轼被贬广东惠州时，同侍妾朝云在庭院里闲坐。此时，秋意萧瑟，落叶纷纷，一片凄凉。他一边慢慢饮酒，一边让朝云吟唱他的《蝶恋花》词。

朝云歌喉婉转，边唱边流下眼泪。苏轼停下酒杯，询问她悲伤的原因，朝云说："我唱到'枝上柳绵吹又少，天涯何处无芳草！'这两句，就不由辛酸起来。"

苏轼听后大笑说："我方要悲秋，你却先伤春。"就叫她不要再唱下去了。不久，朝云得病去世，苏轼从此不再听这首《蝶恋花》。

西江月·梅花

玉骨那愁瘴雾①,
冰姿自有仙风。
海仙时遣探芳丛,
倒挂绿毛幺凤②。

素面常嫌粉涴③,
洗妆不褪唇红④。
高情⑤已逐晓云空,
不与梨花同梦。

① 瘴雾:犹瘴气。南方山林中的湿热之气。
② 绿毛幺凤:岭南的一种珍禽,似鹦鹉。
③ 涴(wò):沾污,弄脏。
④ 唇红:喻红色的梅花。
⑤ 高情:高隐超然物外之情。

The Moon on the West River
To the Fairy of Mume Flower
(1096)

Your bones of jade defy miasmal death;
Your flesh of snow exhales immortal breath.
The sea sprite among flowers often sends to you
A golden-eyed, green-feathered cockatoo.

Powder would spoil your face;
Your lips need no rouge cream.
As high as morning cloud you rise with grace;
With pear flower you won't share your dream.

赏析

此词是绍圣三年（1096年）苏轼被贬到广东惠州以后的作品。据宋代《耆旧续闻》和《野客丛书》记载，这首词是苏轼为悼念死于惠州的侍妾朝云而作。

朝云，姓王，杭州人，从十二岁岁踏进当时任杭州通判的苏轼的家门，一晃二十余年。王朝云悉心照料苏轼一家老小，分担他们的喜怒哀乐、荣辱沉浮。在她的陪伴下，苏轼度过了贬谪黄州和贬谪惠州的两段艰难岁月，苏轼将她看成自己的至亲至爱、知己朋友。

然而就在惠州，王朝云不幸染上疫病去世，享年三十四岁。

这首词看似咏物，其实也是以花喻人，人和花融为一体，不分彼此。一开始，就写出梅花的风姿和神韵："玉骨那愁瘴雾，冰姿自有仙风。"在南方瘴厉之地，梅花不怕恶劣环境，始终保持仙风玉骨。接下来，是继续强化她的美和她超尘脱俗的风韵，"海仙时遣探芳丛，倒挂绿毛幺凤"。海上的仙人也羡爱她，派绿毛的小凤鸟来探访她。

"素面翻嫌粉涴，洗妆不褪唇红。"梅花天生丽质，是不屑于用脂粉来修饰的，唇红也是天然的。这是高洁的梅花，也是超凡脱俗的朝云。

然而，"高情已逐晓云空，不与梨花同梦。"据说唐代诗人王昌龄曾在梦中把梅花看作梨花，并写下《梅诗》：

落落寞寞路不分,梦中唤作梨花云。但苏轼认为,梅花的那种气质是梨花不能比的,怎么可能错认。

所以,梅花的逝去,让苏轼更为伤心。它随着晓云的风流云散,变得空无痕迹。"晓云"也是"朝云"。朝云死了。她的一颦一笑,已经消失,寂灭,飞入云空。随之而去的,是苏轼内心最重要的一块。因为死亡的存在,苏轼珍重地与生命中遇见的梅花告别。

辛丑十一月十九日,既与子由①别于郑州西门之外,马上赋诗一篇寄之

不饮胡为醉兀兀②,
此心已逐归鞍③发。
归人犹自念庭闱,
今我何以慰寂寞。
登高回首坡垅隔,
惟见乌帽④出复没。
苦寒念尔衣裘薄,
独骑瘦马踏残月。
路人行歌居人乐,
僮仆怪我苦凄恻。
亦知人生要有别,
但恐岁月去飘忽。

---

① 子由:苏轼的弟弟苏辙,字子由。后文同。
② 醉兀兀:醉醺醺的样子。
③ 归鞍:回家的马。鞍,代指马。
④ 乌帽:黑帽。

A Poem to My Brother Ziyou, Composed on Horseback after Parting with Him at the Western Gate of the Capital on the 19th Day of the 11th Lunar Month
(1061)

Why do I look so drunken without drinking wine?
My heart is going back with your home-going steed.
Your thoughts turn to our parents and ancestral shrine.
How can I be consoled with the lonely life I'll lead?
Ascending a height, I look back and feel so sad,
To see your black cap now appear, now disappear.
It is now biting cold and you are thinly clad,
Riding a lean nag 'neath the waning moon so drear.
Wayfarers sing abroad, people are glad at home,
My houseboy wonders why alone I'm desolate.
I know people may meet or part, settle down or roam,
But I dread to think how quickly years evaporate.

---

* Having seen the poet on his way to Fengxiang, where he was to be assistant magistrate, his brother started back.

寒灯相对记畴昔①,
夜雨何时听萧瑟。
君知此意不可忘,
慎勿苦爱高官职。

① 畴昔：往昔。

Facing a cold lamp, I relive the bygone days.
When may we listen to bleak wind on rainy night?
You know what I mean and must bear in mind always:
Don't outstay your office of which you should make light.

赏析

中国古人处理人际关系，有"五伦"之说，即父母、君臣、夫妇、兄弟、朋友。读苏轼，也是在感受一段绵长深厚的兄弟之情。

《宋史·苏辙传》曾评价说："辙与兄进退出处，无不相同，患难之中，友爱弥笃，无少怨尤，近古罕见。"他们写了很多抒发手足之情的著名诗篇，这是苏轼所写的最早的一篇。

仁宗嘉祐六年（1061年），制科考试，苏轼和弟弟苏辙双双被录取。苏轼被任命为凤翔签判，苏辙却因其在《御试制科策》中尖锐抨击宋仁宗，在朝廷引起轩然大波，导致官职迟迟没有定下。最后，苏辙选择留在京城侍奉父亲。

所以，这是一次不愉快的告别。兄弟俩初涉官场，生活就向他们张开了锋利的獠牙。

此前，两兄弟一直生活在一起，从未有过长时间的分离。苏轼赴陕西凤翔上任，是他们第一次远别。弟弟从京城开封一路将哥哥送到河南郑州的西门外，然而"送君千里，终须一别"，苏轼看着骑着瘦马的弟弟一点点消失，心神恍惚，明明没有喝酒，却有眩晕的感觉。他写下了这首诗。

起句就起得突然，"不饮胡为醉兀兀，此心已逐归鞍发"。为什么不曾饮酒,头脑还昏沉、神思恍惚?为什么我的心,会随着你渐行渐远的身影一同离去?

接下来便是解释,"归人犹自念庭闱,今我何以慰寂寞"。一边是弟弟苏辙记挂家里父亲而踏上归途,一边是苏轼要独自赴任的寂寞,这种对比手法,还将在下面的诗句里看到:

"登高回首坡垅隔,惟见乌帽出复没。

苦寒念尔衣裘薄,独骑瘦马踏残月。

路人行歌居人乐,僮仆怪我苦凄恻。

亦知人生要有别,但恐岁月去飘忽。"

本是苏辙送别哥哥苏轼,而在诗歌里,苏轼却更像是那个送别的人。他登高,看着亲人远去,没有自己初入仕途的喜悦,只有和弟弟离别的悲伤。

诗的最后,苏轼想起自己和弟弟的约定。兄弟俩应制科考试前,在驿站正逢风雨大作,读到唐代诗人韦应物的《示全真元常》,"宁知风雪夜,复此对床眠",感慨万千,约定以后要早日退官,回家团聚,对床而眠,共听潇潇夜雨。

和子由渑池①怀旧

人生到处知何似?
应似飞鸿踏雪泥。
泥上偶然留指爪,
鸿飞那复计东西。
老僧②已死成新塔,
坏壁无由③见旧题。
往日崎岖还记否,
路长人困蹇④驴嘶。

① 渑(miǎn)池:今河南省渑池县。
② 老僧:苏轼的朋友奉闲和尚。
③ 无由:没有机会
④ 蹇:跛,指行动迟缓。

Recalling the Old Days at Mianchi in the Same Rhymes as Ziyou's Poem
(1061)

What do you think is human life like here or there?
It seems like a swan's traces on mud or on snow.
See the claw and nail prints by chance mud and snow bear.
Will the flying swan care what it has left below?
The old monk, dead, has left but a dagoba new;
The verse we wrote was gone with the wall in decay.
What I remember of the journey made with you
Is a weary long way and the lame donkey's bray.

* The poet and his brother had stayed in the temple at Mianchi during a previous journey and written poems on a wall.

赏析

嘉祐元年（1056年），二十一岁的苏轼和弟弟苏辙赴京应试，路过渑池（今属河南）。他们投宿在一所寺庙里，老僧殷勤招待，兄弟俩在寺壁上题诗留念。

几年过去，仁宗嘉祐六年（1061年）十一月，苏轼去陕西凤翔任地方官，弟弟一路相送，两人在郑州西门外分别。和哥哥分别后，苏辙难掩悲伤，寄给哥哥一首诗，题为《怀渑池寄子瞻兄》，在诗中回忆起数年前的渑池之行：

"相携话别郑原上，共道长途怕雪泥。归骑还寻大梁陌，行人已度古崤西。曾为县吏民知否？旧宿僧房壁共题。遥想独游佳味少，无方骓马但鸣嘶。"

诗的最后一句是"遥想独游佳味少，无方骓马但鸣嘶"。人生就是一场孤独的旅行，就像一匹没有方向的骓马，只知道"鸣嘶"，被命运玩弄。

以上那首《和子由渑池怀旧》，则是苏轼对弟弟这首诗的回应。

与弟弟告别后，苏轼重游五年前到访的渑池，当年接待他们的老僧已经死了，变成一座新造的墓塔。而他们曾在寺庙题写的诗句，也因为墙壁的毁坏再也找不着了。

人不也是这样吗？人死了，也会留下一些存在的痕迹，但也许就像苏轼在和诗里写到的："泥上偶然留指爪，鸿飞那复计东西。"如飞行的鸿雁，偶然驻足在雪上，留下印迹。而鸿飞雪化，一切又不复存在。

这就是无常的命运。但苏轼依然想告诉弟弟，虽然人生无常，在这人世间留下的痕迹不会比大雁雪上的爪印更为空幻无依。但只要拥有彼此的回忆，便能拥有人世的温暖。

"往日崎岖还记否，路长人困蹇驴嘶。"

曾经，他和弟弟一路奔波劳碌，作为乘骑的马匹因过分疲惫，病死在路上，只好骑驴继续前行。后来，兄弟俩都考上进士。如今，苏轼初任凤翔签判，弟弟去处还未定，仕途并不顺利，但路还得走下去。

苏轼用六十余年的时间，一步步成为后来人们看到的样子。他用行动回答了那个问题："如果生命是一个偶然，人生的意义是什么？"

守岁

欲知垂尽岁,
有似赴壑蛇。
修鳞半已没^①,
去意谁能遮?
况欲系其尾,
虽勤知奈何!
儿童强^②不睡,
相守夜欢哗。
晨鸡且勿唱,
更鼓畏添挝^③。
坐久灯烬落,
起看北斗斜。
明年岂无年?
心事恐蹉跎。
努力尽今夕,
少年犹可夸。

① 修鳞:指蛇。没:消失的意思。
② 强:勉强。
③ 挝(zhuā):敲打,此处指更鼓声。

Staying up All Night on New Year's Eve

(1061)

The end of the year is drawing near
As a snake crawls back to its hole.
We see half its body disappear
And soon we'll lose sight of the whole.
If we try to tie down its tail,
We can't succeed whate'er we do.
Children will stay up and regale
Themselves with feast the whole night through.
Cocks, wake not the dawn with your song;
Drums, do not boom out the hour now!
The wick is burned as I sit long,
I rise to see the slanting Plough.
Will there be no New Year's Eve next year?
I am afraid time waits for none.
Let us enjoy tonight with cheer
So that childhood will longer run.

赏析

嘉祐六年（1061年），苏轼初仕陕西凤翔。年终，他想回汴京和父亲、弟弟团聚而不可得，回想故乡岁暮的淳朴风俗，写了《馈岁》《别岁》《守岁》三首诗寄给弟弟苏辙，以抒发思念之情。此为其一。

首句为："欲知垂尽岁，有似赴壑蛇。"逝去的旧岁，犹如一条蛇游向幽暗的深谷。苏轼用蛇来比喻时间，新鲜而生动。而且辰龙巳蛇，以蛇比岁，虚中有实，不是泛泛作比。

次句是："修鳞半已没，去意谁能遮？"苏轼知道，岁月是守不住的。长长的鳞甲一半已经不见，离去的心意谁能遮挡。

守岁这么难，还有人在守岁吗？有的。"儿童强不睡，相守夜欢哗。"视角突然一转，从衰老、逝去的岁月跳到充满朝气的孩童，画面一下子明亮起来。而他，也仿佛能在每个人的记忆中找到类似的经验：孩子明明瞌睡，却还强打精神，欢呼吵闹。

除了儿童，大人就不需要守岁吗？

接下来，苏轼"图穷匕首见"，表明应该守岁，应该爱惜即将逝去的时光。这句话，他是说给自己，也是说给弟弟苏辙的。

"坐久灯烬落，起看北斗斜。"一"坐"一"起"，一"落"一"斜",精神为之一振。守到灯花点点坠落,直到北斗星已经横斜。这真是努力到年终的最后一刻,不轻言放弃。

诗的最后一段说:"明年岂无年?心事恐蹉跎。努力尽今夕,少年犹可夸。"明年难道不再过年了吗?当然过,但今夕不会再回来。所以,苏轼对弟弟说:"我们不能浪费一点儿时间,从今日、此刻开始努力,不要让志向和抱负付诸东流。"

回到诗的题目,既然是《守岁》,就一定要"守住",不能让时间悄无声息地流走。

十二月十四日夜微雪,明日早往南溪小酌至晚

南溪得雪真无价,
走马来看及未消。
独自披榛寻履迹①,
最先犯晓②过朱桥。
谁怜破屋眠无处,
坐觉村饥语不嚣。
惟有暮鸦知客意,
惊飞千片落寒条③。

① 独自披榛寻履迹:此句包含两个典故。晋葛洪家贫,他的居处连墙篱也没有,每天披榛出门,排草入室。汉东郭先生(不是《中山狼》故事中的东郭先生)很穷,大雪天穿着破鞋子,鞋面还可以蔽足面,鞋底却露出了脚趾,在走过的雪中道上,可以看见他的脚印。这里指作者在山野间踏雪而行。
② 犯晓:打破清早的寂静。
③ 千片:暮鸦盘旋,像无数片落叶。寒条:寒风中的枯枝。

It Snowed on the Night of the 14th Day of the 12th Lunar Month. I Went to the Southern Valley on the Next Morning and Drank There Till Dusk

(1063)

The snow in Southern Valley is priceless indeed,
I come there on horseback before it melts away.
Alone, I follow the trail in a cloak of reed,
First to cross the ochre bridge at the break of day.
Who pities the homeless who have nowhere to sleep?
I find villagers hungry whose voices are low.
Only the crows at dusk know why I'm thinking deep,
Startled, they fly and shed a thousand flakes of snow.

赏析

这首诗的诗题将时间、地点、人物、事情经过，都交代得很清楚。嘉祐八年（1063年）十二月十四日夜，凤翔下了一场微雪，苏轼惊喜万分，第二日一早去了一个叫南溪的地方赏雪小酌，直到晚上。

"南溪"，多次出现在苏轼于凤翔期间的诗歌中，可见他对这个地方的喜爱。

《南溪之南竹林中，新构一茅堂，予以其所处最为深邃，故名之曰避世堂》，苏轼于南溪的竹林里盖了一个茅屋，叫避世堂。

《二月十六日，与张、李二君游南溪。醉后，相与解衣濯足，咏韩公山石之篇，慨然知其所以乐，而忘其在数百年之外也，次其韵》，苏轼和朋友在南溪边喝醉了，还下水洗脚。

《南溪有会景亭，处众亭之间，无所见，甚不称其名。余欲迁之少西，临断岸，西向可以远望，而力未暇。特为制名曰招隐，仍为诗以告来者，庶几迁之》，当时南溪边有座"会景亭"，苏轼站在亭中却看不到什么美景，觉得名不副实，打算把它迁到稍微靠西边风景更好的地方去，并且改名为"招隐亭"。

《九月中曾题二小诗于南溪竹上，既而忘之。昨日再游，见而录之》，苏轼曾经在南溪边的竹林刻了两首小诗以作纪念，后来忘记了，再次游历时，又被他看见并记录下来。

《十二月十四日夜微雪，明日早往南溪小酌至晚》，也发生在南溪。一场微雪，让苏轼欢呼雀跃，哪里是安静、亲切、风景又好的赏雪的地方呢？苏轼的脑海里蹦出了南溪。于是，第二天一大早，他就急不可耐地骑着马最先跑到南溪来。我们在诗里感受到他的喜悦，"南溪得雪真无价，走马来看及未消。"诗到后面，情绪却急转直下，因为他看到"破屋"，想到"村饥"萧索荒凉的景象，心情沉甸甸的。苏轼不仅是文人、喜欢美的生活家，还是官员。在凤翔，他以最大的政治热忱不懈怠地工作，就是力求稍稍减轻老百姓生活的困苦。

"惟有暮鸦知客意，惊飞千片落寒条。"

又是一个意外：暮鸦仿佛知道苏轼的心意，从树枝上飞起，惊落千万片枝条上的雪花，苏轼沉重的心情得以稍稍减轻。

游金山寺

我家江水初发源,
宦游①直送江入海。
闻道潮头一丈高,
天寒尚有沙痕在。
中泠南畔石盘陀②,
古来出没随涛波。
试登绝顶望乡国,
江南江北青山多。
羁愁畏晚寻归楫,
山僧苦留看落日。
微风万顷靴文③细,
断霞半空鱼尾赤④。
是时江月初生魄⑤,
二更月落天深黑。

① 宦游:外出做官。
② 中泠:泉名,在金山西。石盘陀:形容石块巨大。
③ 靴文:靴子的纹路,比喻江面的波纹
④ 断霞:成片的晚霞。鱼尾赤:像鱼尾一样的红。
⑤ 魄:月初出时四周的微光。

Visiting the Temple of Golden Hill

(1071)

My native town lies where the River takes its source,
As official I go downstream to the seaside.
'Tis said white-crested waves rise ten feet high at full tide,
On this cold day the sand bears traces of their force.
There stands a massive boulder south of Central Fountain,
Emerging or submerged as the tides fall or rise.
I climb atop to see where my native town lies,
But find by riverside green mountain on green mountain.
Home-sick, I will go back by boat lest I be late,
But the monk begs me to stay and view the setting sun.
The breeze ripples the water and fine webs are spun;
Rosy clouds in mid-air like fish-tails undulate.
Then the moon on the river sheds her new-born light,
By second watch she sinks into the darkened skies.

江心似有炬火明,
飞焰照山栖鸟惊。
怅然归卧心莫识,
非鬼非人竟何物?
江山如此不归山,
江神见怪惊我顽。
我谢江神岂得已①,
有田不归如江水。

① 谢:告罪,道歉。岂得已:不得已。

From the heart of the river a torch seems to rise,
Its flames light up the mountains and the crows take flight.
Bewildered, I come back and go to bed, lost in thought:
It's not a work of man or ghost. Then what is it?
It must be the River God's warning for me to quit
And go to my home-town, which I can't set at nought.
Thanking the God, I say I'm reluctant to stay,
If I won't go home, like these waves I'll pass away!

赏析

苏轼仕途奔波，被贬三次，经受很多磨难，但也有机会游历祖国的大好河山，写下很多名篇佳作。

苏轼初涉仕途，也并不顺利。宋英宗治平元年（1064年），他罢凤翔府签书判官任，还朝任判登闻鼓院，又通过学士院的考试，任直史馆。

治平三年（1066年），父亲病逝，苏轼扶柩还乡，守孝三年。三年后，苏轼还朝。此时已经到了熙宁二年（1069年），声势浩大的王安石变法已经开始。

苏轼的许多师友，因反对新法而与新任宰相王安石政见不合，被迫离京。其中，就有他的恩师欧阳修。朝廷内耗，党争四起，苏轼感到难过而疲惫。

宋神宗熙宁三年（1070年），苏轼在京城任殿中丞直馆判官告院，权开封判官。他在《上神宗皇帝书》中直言不讳批评新法，引起当权派不满。苏轼深感仕途险恶，主动请求外任。

熙宁四年（1071年），苏轼被任命为杭州通判，此时他已经三十六岁。这年十一月，他途经镇江，游金山寺，拜访宝觉、圆通二位长老。二长老盛情款待，苏轼盛情难却，住宿在寺中，半夜看江上夜景，不由得浮想联翩，写下此诗。

读此诗，人们会发现，虽然诗题为"游金山寺"，但没一笔实写山寺内部，而是就此引发故乡和宦游之思。

金山寺在镇江的金山上，金山原在长江之中。苏轼去游金山，那时还是四面环水的景象，故此诗中有云："羁愁畏晚寻归楫，山僧苦留看落日。"后来，金山南面沙石淤积，逐渐与南岸陆地相连，不用再靠舟楫前往，这就是今天人们看到的模样。

诗以长江水开头，一笔写尽苏轼和长江一生的缘分。诗人故乡眉山在长江上游，因此说"我家江水初发源"。而金山寺在镇江，在长江下游地区，从此过去就是大海。苏轼宦海漂泊多年，故乡水从眉山故乡把他送到入海处。这不禁让人想起李白出川时写的《渡荆门送别》，"仍怜故乡水，万里送行舟"。同样是长江水，但苏轼的诗时空距离上更加遥远，更令人浮想联翩。

紧接着，诗人的目光回到眼前。"闻道潮头一丈高，天寒尚有沙痕在。"长江水势汹涌，势不可挡，直到镇江仍然余威犹在。潮水上来，浪头高达一丈，但苏轼只是听说，因为这时已是天寒水枯的冬季了。

诗人又一次抬起头，朝故乡的方向望去，但怎么可能看到呢？长江南北众多的青山，遮住了视线。"试登绝顶望乡国，江南江北青山多。"

这一次，诗人从对江水的描写转移到山上。诗人此时所处位置，就是金山上。

苏轼的目光又回到眼前，他的愁思因为看不到故乡而加重，天也要黑了，他想要寻舟离去，似乎一切都要结束了，但又有意外来了，山僧苦留他欣赏落日。于是，苏轼便看到了美景和奇景。

"微风万顷靴文细，断霞半空鱼尾赤。""靴文"是穿过的靴子上自然形成的细碎皱纹，这是新鲜的比喻，很少有人把它和江上的波纹联系到一起。读者从靴子，也很容易想起旅途和宦海沉浮，想到故乡江水对诗人的一路相送，那江水，是诗人的另一双鞋子吗？

"断霞"，不是完整的，而是断成一片一片的晚霞，像层层叠叠的鱼尾鳞。用"鱼尾赤"形容晚霞，很美，也很有想象力，让人想大快朵颐，把晚霞吃到肚里去。

一方面是微风吹拂下万顷的江面，一方面是天空的晚霞，上下相映，水天交融，辽阔无垠，真是一幅迷人的画卷。

接下来，又出现了一道奇景：

"是时江月初生魄，二更月落天深黑。江心似有炬火明，飞焰照山栖乌惊。怅然归卧心莫识，非鬼非人竟何物？"

此时，江上月亮刚刚升起。二更时，月亮落下，天地一片漆黑。突然，长江的江心，冒出光焰，好似熊熊燃烧的火炬，在夜幕下分外耀眼，它照射着金山，也惊动了在山林里栖息的鸟儿。

这样的奇景，苏轼也闹不明白。他怅然若失，归卧僧舍，心中也不能辨识，"不是鬼魂，不是人，那么究竟是什么东西"？

苏轼担心读者说他虚构，还特意在诗句下加注："是夜所见如此。"今天有网友留言，认为苏轼在镇江看到了UFO和外星人。

最后两句，又回到江水："江山如此不归山，江神见怪惊我顽。我谢江神岂得已，有田不归如江水。"

这是苏轼的幽默。江山如此多娇，为何不归隐林泉，还要在险恶的仕途中走下去？江神认为苏轼奇怪，苏轼是否也会对自己充满疑惑？

最后，他指江水发誓："没办法啊，有田地耕作，我马上归隐山林。"

腊日游孤山访惠勤惠思二僧

天欲雪,
云满湖,
楼台明灭山有无。
水清出石鱼可数,
林深无人鸟相呼。
腊日不归对妻孥①,
名②寻道人实自娱。
道人之居在何许?
宝云山前路盘纡。
孤山孤绝谁肯庐③?
道人有道山不孤。
纸窗竹屋深自暖,
拥褐坐睡依团蒲。
天寒路远愁仆夫,

① 妻孥(nú):妻子和子女。
② 名:名义上。
③ 庐:此处做动词,结庐(建屋)的意思。

Visiting in Winter the Two Learned Monks in the Lonely Hill

(1071)

It seems that snow will fall
On a cloud-covered lake,
Hills loom and fade, towers appear and disappear.
Fish can be count'd among the rocks in water clear;
Birds call back and forth in the deep woods men forsake.
I cannot go home on this lonely winter day,
So I visit the monks to while my time away.
Who can show me the way which leads to their door-sill?
Follow the winding path to the foot of the hill.
The Lonely Hill is so lonesome. Who will dwell there?
Strong in faith, there's no loneliness but they can bear.
Paper windows keep them warm in bamboo cottage deep;
Sitting in their coarse robes, on round rush mats they sleep.
My lackeys grumble at cold weather and long road,

整驾催归及未晡^①。
出山回望云木合,
但见野鹘盘浮图^②。
兹^③游淡薄欢有余,
到家恍如梦蘧蘧^④。
作诗火急追亡逋^⑤,
清景一失后难摹^⑥。

---

① 晡（bū）：申时，下午三点到5点。
② 浮图：佛塔。
③ 兹：这，这次。
④ 梦蘧蘧：蘧蘧（jù），惊动的样子，这里指梦醒。
⑤ 亡逋（bū）：逃亡者，这里指景色从脑海中消失。
⑥ 摹：描摹。

They hurry me to go before dusk to my abode.
Leaving the hill, I look back and see woods and cloud
Mingled and wild birds circling the pagoda proud.
This trip has not tired me but left an aftertaste,
Come back, I seem to see in dreams the scene retraced.
I hasten to write down in verse what I saw then,
For the scene lost to sight can't be revived again.

赏析

杭州有西湖，西湖之中，一峰独立，便是孤山。山前山后，林木幽深，古刹众多，是寻幽探秘的好去处。

到了杭州，不去西湖，可惜了杭州。而到了杭州，不去看看寺庙，也是辜负了杭州。苏轼在《怀西湖寄晁美叔同年》中说过杭州，"三百六十寺，幽寻遂穷年"。

杭州历来寺庙众多。直到民国，寺庙更多起来。

民国高僧弘一法师在《我在西湖出家的经过》中说："杭州这个地方，实堪称佛地；因为那边寺庙之多，约有两千余所，可想见杭州佛文化之盛了。"他在1918年去虎跑寺当了和尚，从此世间再无李叔同。

民国画家林风眠从美的角度来看杭州寺庙的繁盛。他在《美术的杭州》中说："杭州西湖寺观林立，正是杭州西湖比别的地方更富于天然美的证明。"他于1928年在杭州创办国立艺术学院并任校长兼教授。

回到此诗。苏轼于宋神宗熙宁四年（1071年）十一月底到达杭州，到官三日，就前往西湖孤山，只为寻访惠勤、惠思二僧，这倒不是因为杭州寺庙的名声在外，只因恩师欧阳修的一句叮嘱。

苏轼在前往杭州任通判的路上，取道颍州拜访恩师。在共聚的二十天里，欧阳修告诉他，自己在杭州有一个方外之交惠勤，在杭州孤山上修行，文章诗词俱佳，在公务之余可去找他聊天。

结果一到杭州,苏轼就去拜访,不仅拜访,还写了这首诗以作纪念。

起首两句,"天欲雪,云满湖,楼台明灭山有无",我们看到天色晦暗,似有雪意,这是苏轼初见西湖。雪云笼罩在空中,倒映于水面。楼台、山林,若有若无,时隐时现。这种迷离恍惚,一直持续到访问结束。苏轼从官署、喧闹的杭州城来到孤山,不免有迷离之感。游完孤山,访完僧人,回到家里,还如做梦一般。他赶紧写下这首诗,以免这种迷离恍惚,从记忆和生活中逃跑。

"孤山孤绝谁肯庐?道人有道山不孤。"有道行深厚的僧人在,孤山便不再孤独。后来,苏轼和惠勤、惠思成了很好的朋友。

戏子由

宛丘①先生长如丘,
宛丘学舍小如舟。
常时低头诵经史,
忽然欠伸屋打头②。
斜风吹帷雨注面,
先生不愧旁人羞。
任从饱死笑方朔③,
肯为雨立求秦优④。
眼前勃豀⑤何足道,
处置六凿⑥须天游。

① 宛丘:陈州的别称。因为苏辙任陈州州学教授,所以苏轼戏称他"宛丘先生"。

② 屋打头:形容学舍不仅小,而且陋。

③ 方朔:东方朔,汉时人。他曾对武帝说:"朱儒长三尺余,奉一囊粟、钱二百四十。臣朔长九尺余,亦奉一囊粟、钱二百四十。朱儒饱欲死;臣朔饿欲死。"

④ 秦优:指秦始皇的歌童名叫旃的,是个侏儒。《史记·滑稽列传》:"秦始皇时,置酒而天雨,陛楯者(殿前执楯的卫士)皆沾寒,优旃见而哀之……居有顷,殿上上寿呼万岁。优旃临槛大呼曰:'陛楯郎!'郎曰:'诺。'优旃曰:'汝虽长,何益!幸雨立;我虽短也,幸休居。'于是始皇使陛楯者得半相代。"

⑤ 勃豀:争吵。

⑥ 六凿:六情,喜、怒、哀、乐、爱、恶。

Written to Ziyou in Joke

(1071)

My brother's tall as Confucius is said to be,
But his room in the schoolhouse looks like a boat small.
He bends his head while reading classics and history,
Suddenly he yawns, his head bumps against the wall.
The wind blows screens aside and raindrops into his face,
The onlookers feel sorry but he does not care.
The starving may be jeered at by well-fed men base,
He won't beg for shelter though rain drenches his hair.
He cares not for the discomforts before the eye,
If he can let his six spirits soar in the sky.

读书万卷不读律,
致君尧舜知无术①。
劝农冠盖②闹如云,
送老斋盐甘似蜜③。
门前万事不挂眼,
头虽长低气不屈。
馀杭别驾无功劳,
画堂五丈容旂旄。
重楼跨空雨声远,
屋多人少风骚骚。
平生所惭今不耻,
坐对疲氓更鞭箠④。
道逢阳虎⑤呼与言,
心知其非口诺唯。
名高志下真何益,
气节消缩今无几。
文章小技安足程,
先生别驾旧齐名。
如今衰老俱无用,
付与时人分重轻。

①律:指法律。术:谓治术。这两句是在讽刺当时朝廷重法轻儒。
②劝农:视察农田水利等的官吏。冠盖:指官员。
③送老:养老。斋盐:腌菜,盐。
④疲氓:百姓。鞭箠:刑具。
⑤阳虎:孔子不喜之人,暗指苏轼不喜之人。

He's read ten thousand books without reading the law.
How could he serve a sovereign without a flaw!
The inspectors of agriculture come in throng,
Honey-like vegetables are given to the old.
Nothing at the door will remain in his eyes for long,
Though his head oft bends low, his spirit is still bold.
Official of Hangzhou, I've done no worthy deed,
My painted hall is so large that flags can be displayed.
My mansion stands high and from noise of rain is freed,
With rooms uninhabited soughing winds invade.
I'm no longer ashamed of what I used to be,
And punish with flogging the accused before me.
I greet those I dislike when we meet on the way,
Though I know they are wrong, yet I say only "Aye".
What is the use of a high literary fame
When ebbs our moral courage and lowers our aim?
The trifling art of writing is of no avail,
You and I, while young, we attained the same renown.
We become worthless now we're decrepit and frail.
Let our contemporaries play us up or down!

赏析

此诗作于苏轼出任杭州通判的第一年年底。一年多前，他的弟弟苏辙（字子由）因与王安石政见不合，出任陈州（别名"宛丘"）学官（州学教授）。

题目虽是说"戏"，实是安慰和赞美子由。前十六句是讲苏辙虽然处境艰难，但气节不改，不屈不挠。中间十句，是苏轼讲自己在杭州生活优渥，但气节低下。

事实上，作为反对新法的著名人物，苏轼如今却被派到杭州来推行新法。这非常讽刺，也煎熬着苏轼的内心。

还有那些被朝廷派遣到地方上来督导新法施行工作的钦差大臣，弄得地方官员战战兢兢，好像碰到虎狼一般。"劝农冠盖闹如云"，"道逢阳虎呼与言，心知其非口诺唯"。

对此，苏轼只能尽力去做一些力所能及的改变和调整，以不违背自己的良心。"平生所惭今不耻，坐对疲氓更鞭箠。"苏轼说，自己平生惭愧的事情，现在不以为耻，高坐华堂之上，轮番鞭打黎民百姓。这只是一种愤懑的表达，也是苏轼对自己的提醒。他希望，不要变成自己所厌恶的人。

他虽然是"戏"子由，却似乎有些羡慕他了。作为学官，虽然生活清苦，但不必遭受苏轼这样的痛苦。

苏轼受庄子影响很深。在这首诗里，"眼前勃谿何足道，处置六凿须天游"就是化用《庄子·外物篇》里的"室无空虚,则妇姑勃谿;心无天游,则六凿相攘"之意。其意思是:房子太小,则会婆媳争吵;如果内心没有广阔的精神空间,各种感官刺激也都会互相干扰,得不到妥善安置。苏轼希望弟弟只要心游天外,就可以泰然面对一切,将狭小变成宽阔。

最后四句写到兄弟两人的共同之处:都以文章闻名,现在却都是衰老无用之人。

"付与时人分重轻",苏轼和他弟弟真的无用吗?让同时代的其他人去评说吧。

除夜直都厅，囚系皆满，日暮不得返舍，因题一诗于壁

除日当早归，
官事乃见留。
执笔对之泣，
哀此系中囚。
小人营糇①粮，
堕网②不知羞。
我亦恋薄禄，
因循失归休。
不须论贤愚，
均是为食谋。
谁能暂纵遣，
闵默愧前修③。

①糇（hóu）：干粮，借指生活必需品。
②堕网：堕入法网，犯法。
③闵默：亦作悯默，意为心中的忧愁难以言说。前修：先贤。

Seeing Prisoners on New Year's Eve

(1071)

I should go back early on New Year's Eve,
But my official duty detains me.
Holding my writing brush in hand, I grieve
For I am like these prisoners I see.
They cannot earn an honest livelihood,
And feel no shame at committing a crime.
I won't resign my office which I should,
And get into a rut and lose my time.
Don't ask who is foolish or who is wise.
All of us alike must scheme for a meal.
Who can be carefree from his fall and rise?
Silent before the sage, what shame I feel!

赏析

熙宁四年（1071年）除夕，杭州，别人都回家过年，可杭州通判苏轼因为官事仍留在官署值班。他看着被锁链锁住的犯人一个个从堂下走过，他们本是贫苦百姓，为了谋取维持生存的一点儿基本利益，才犯法被抓到这里，不能回家。

他觉得自己也是为了生活，贪恋一点儿微薄的薪水，同样不能回去同家人过年。苏轼很想学古人，暂时把他们释放，遣返回家，过一个团圆年；但又不敢如此。他感到惭愧，于是写了这首诗。

他握着笔不禁流泪，为自己，也为犯人难过。"不须论贤愚，均是为食谋。"

带着这种愧疚和同情，苏轼继续在仕途中辗转。他在各个地方对所有人都有所帮助。

对某些官员来说，百姓只是数字、工具、符号、政绩，升官发财的门路。他们可以对百姓不管不顾，不闻不问。但苏轼不是这样。他心中常有他人，常有百姓。即使不再为官，即使被贬，连自己的生命都受到威胁，他也想着黎民苍生。

有时候，苏轼也会累了，倦了，他想过退却，逃离。独善其身，过自己的小日子，不好吗？和朋友和亲人一起，流连于歌舞酒宴之中，忘情于山水田园之间，不是他盼望和向往的吗?可他做不到。始终有一个声音在提醒苏轼,要他别忘记还有一个劳苦、饥饿、不公的世界。

林语堂评价苏轼,说过很多很妙的话。有一句是:"我若说一提到苏东坡,在中国总会引起人亲切敬佩的微笑,也许这话最能概括苏东坡的一切了。"沿着林语堂的这句话,我们可以继续追问下去。

苏轼之所以能引起当时乃至千年以后人们的兴趣,并发出来自心底的微笑,不仅仅是他的才华,他的幽默,他的诗词歌赋,他留给后人的美食佳肴,他一双创造美和发现美的双手,还因为他有一颗仁心,是一个仁者。

六月二十七日望湖楼醉书五首(其一、其二、其五)

其一

黑云翻墨未遮山,
白雨跳珠乱入船。
卷地风来忽吹散,
望湖楼下水如天。

其二

放生鱼鳖①逐人来,
无主荷花到处开。
水枕能令山俯仰,
风船解与月徘徊。

---

① 放生鱼鳖:北宋时杭州的官吏为皇帝延寿添福,曾规定西湖为放生地,不许人打鱼。

Written While Drunken in the Lake View Pavilion on the 27th Day of the 6th Lunar Month

(1072)

I

Like spilt ink dark clouds spread o'er the hills as a pall;
Like bouncing pearls the raindrops in the boat run riot.
A sudden rolling gale comes and dispels them all,
Below Lake View Pavilion sky-mirrored water's quiet.

II

Captive fish and turtles set free swim after men,
Here and there in full bloom are lotuses unowned.
Pillowed on the waves, we see hills rise now, fall then;
Boating in the wind, the moon seems to whirl around.

其五

未成小隐聊中隐①,
可得长闲胜暂闲。
我本无家更安往,
故乡无此好湖山。

---

① 小隐:隐居山林。晋王康琚《反招隐》诗:"小隐隐陵薮,大隐隐朝市。"中隐:指闲官。唐白居易《中隐》诗:"大隐住朝市,小隐入丘樊。丘樊太冷落,朝市太嚣喧。不如作中隐,隐在留司官。"

V

Not yet secluded, in official life I seek pleasure;

Free for some time, I long to enjoy longer leisure.

Homeless as I might have been, where may I go then? Where?

The lakes and hills in my home-town are not so fair.

赏析

熙宁五年（1072年）六月二十七日，任杭州通判的苏轼游览西湖，在船上欣赏湖光山色，再到望湖楼上喝酒后见景而作绝句五首。

先看第一首，起句有点儿吓人，暴雨将至，"黑云翻墨未遮山"，黑云越来越浓，浓得像墨汁。浓云越来越多，好在还没把山都遮住。这时已大雨倾盆，雨点之大，让人感觉眼前白茫茫一片。"白雨跳珠乱入船。"像弹珠一样大的雨点打在船上，又反弹起来，有趣而顽皮。在诗人担心之余，卷地而来的风将乌云和雨点一起吹散，雨过天晴，"望湖楼下水如天"。

诗人具有抓取和提炼生活关键要素的能力，用"黑云"和"白雨"映衬，用"翻墨"和"跳珠"对应，用"未遮山"和"乱入船"比较，把一场突如其来又倏忽而逝的骤雨描绘得栩栩如生。

"卷地风来忽吹散，望湖楼下水如天。"这是描述具体的雨，也是在讲述人生。我们以为不堪承受的暴雨，那么快就停止了。水天一色，一碧如洗，是给我们的奖赏。多年后，苏轼在黄州遭遇另一场大雨，于是有了"也无风雨也无晴"的感悟。苏轼总能从自然中获益良多，使后来的读者在读它时，感受到某种启示。

第二首是乘船坐在湖上的情景，给人以自由的感觉。

"放生鱼鳖逐人来，无主荷花到处开。"鱼鳖是被放生过的，而它还与人亲近，这种和谐共处是美好的。荷花没有主人，它开得那么随性自由，处处生机。"水枕能令山俯仰，风船解与月徘徊。"第一首诗歌里遭难的船在第二首里有了别样的风情，它随水波轻柔地上下起伏，躺在船里看山，只见山头忽上忽下。山本来是不能俯仰的，但此时也可以了。山也具有了某种灵动。

第一首诗歌的"风"，在第二首中继续吹，不过变成另一番模样。在微风下，月和船的耳鬓厮磨，此情依依，相互眷恋，"风船解与月徘徊"。

第三首，写到了西湖的味道。

"乌菱白芡不论钱，乱系青菰裹绿盘。

忽忆尝新会灵现，滞留江海得加餐。"

"乌菱""白芡""青菰"……，苏轼提醒自己，滞留江海得加餐。

第四首，写到了西湖的女孩。

"献花游女木兰桡，细雨斜风湿翠翘。

无限芳洲生杜若，吴儿不识楚辞招。"

西湖在这首诗不同角度的描述中，显得更丰富、立体和全面了。

第五首是总结，是熙宁五年六月二十七那一天，苏轼对西湖爱的告白。西湖让苏轼沉醉，西湖洗去了苏轼的烦忧："未成小隐聊中隐，可得长闲胜暂闲。我本无家更安往，故乡无此好湖山。"

饮湖上初晴后雨二首(其二)

水光潋滟晴方好,
山色空蒙雨亦奇。
欲把西湖比西子①,
淡妆浓抹总相宜②。

① 西子:西施,春秋时期越国著名的美女。
② 总相宜:总显得十分美丽。

Drinking at the Lake First in Sunny and then in Rainy Weather

(1073)

The brimming waves delight the eye on sunny days;
The dimming hills give a rare view in rainy haze.
The West Lake looks like the fair lady at her best;
Whether she is richly adorned or plainly dressed.

赏析

宋神宗熙宁四年（1071年）至七年（1074年），苏轼任杭州通判期间，曾写下大量有关西湖的诗，这是其中最脍炙人口的一首。

"水光潋滟晴方好"，诗的起首就抓住了西湖的特点，任谁第一次走到西湖去，都要被波光粼粼的湖水所吸引。晴天的西湖很好，我们赞同苏轼的看法。

而第二句的意思又来了一个突转，"山色空蒙雨亦奇"，由水的光影转为对山色的观察。雨中的西湖也是美的，我们也同意苏轼的这个看法。

而这首诗的后两句，更秒杀古往今来一切有关西湖的诗歌。

"西子"是指西施，她是春秋时越国有名的美女，中国古代四大美女之首。而苏轼想说，西湖不也如此吗？无论晴光照水还是雨雾迷蒙，它都一样动人。他将肌肤如玉的西子和水波荡漾的西湖联系起来，从此便不能分开。

许多地方都有西湖，但杭州的西湖独具西子的美。那是真实的、可感的美，又是抽象、虚幻的美，都一样迷人。西子早已不在，谁也不知她长得如何，但西湖却是真实的，我们通过西湖仿佛认识了西子。

而苏轼的这首诗，也容易让人想起他后来在黄州写的一首词《定风波》：

莫听穿林打叶声,何妨吟啸且徐行。竹杖芒鞋轻胜马,谁怕?一蓑烟雨任平生。

料峭春风吹酒醒,微冷,山头斜照却相迎。回首向来萧瑟处,归去,也无风雨也无晴。

无论雨天,还是晴天,这都是人生的风景。

无论此时顺境中所处的杭州西湖,还是日后被贬而身在黄州,苏轼都如他诗词里写到的,走得潇洒而坚定。

也许可以说:苏轼的达观和宽阔,从西湖边开始孕育、发芽;而在黄州,它长成了参天大树。

有美堂①暴雨

游人脚底一声雷,
满座顽云②拨不开。
天外黑风吹海立,
浙东飞雨过江来。
十分潋滟金樽凸,
千杖敲铿羯鼓催③。
唤起谪仙④泉洒面,
倒倾鲛室泻琼瑰⑤。

① 有美堂:嘉祐二年(1057年),梅挚往杭州赴任,仁宗皇帝亲自赋诗送行,中有"地有吴山美,东南第一州"之句。梅挚到任后,就在吴山顶上建有美堂以示荣宠。
② 顽云:浓云。
③ 敲铿:啄木鸟啄木声,这里借指打鼓声。羯鼓:羯族传入的一种鼓。
④ 谪仙:被贬谪下凡的仙人,指李白。
⑤ 鲛室:原指神话中海中鲛人所居之处,这里指海。琼瑰:玉石。

Tempest at the Scenic Hall①

(1073)

Sight-seers hear from below a sudden thunder roars;
A skyful of storm-clouds cannot be dissipated.
The dark wind from on high raises a sea agitated;
The flying rain from the east crosses river shores.
Like wine o'erflowing golden cup full to the brim
And thousands of sticks beating the drum of sheepskin.
Heaven pours water on the poet's face and chin②
That he might write with dragon's scales and pearls a hymn.

---

① Built on Mount Wu or the recumbent green hill in 1057, it was the subject of poems by many writers.
② An allusion to an occasion when Emperor Xuan-zong of the Tang dynasty had the poet Li Bai sprinkled with cold water to sober him up.

赏析

此诗作于宋神宗熙宁六年（1073年），苏轼时任杭州通判。事件的发生地是有美堂，杭州吴山最高处。

开篇，先声夺人，"游人脚底一声雷"，暴风雨的声势一下子展现出来。打雷就预示将要下一场暴雨。但脚下打雷，这就引起读者的兴趣了，有美堂的位置果然高，而且是"满座顽云拨不开"。

云太多太密太拥挤，竟然拨而不动，描绘形象生动，历历如在眼前。

读者仿佛和诗人一起，同在高高的有美堂上，都有着一种剑拔弩张的紧张感和窒息感。

接下来，暴风雨来了。"天外黑风吹海立"，气魄之大，也让人想起杜甫在《朝献太清宫赋》里的句子"九天之云下垂，四海之水皆立"。

雨果然就来了，躲也躲不过，"浙东飞雨过江来"。雨太快，而且是"飞雨"，很快到了眼前。

五、六二句具体写暴雨。雨落在西湖里，水汽蒸腾，西湖像一只盛满水的金樽，几乎要满溢出来；雨声急促激切，打在西湖上，如万千羯鼓敲打这世界。这两个新奇的比喻，有视觉、有声音。读者读到这里，仿佛也淋了一场雨。

接下来，诗人继续飞扬想象的翅膀："唤起谪仙泉洒面，倒倾鲛室泻琼瑰。"是天帝想要新的、如同珠玉般的诗篇吗？所以才把这仙泉洒落，化作满天雨水，来唤起沉醉的李白，让他看看这眼前的奇景，如倾倒了鲛人的宫室，把珠玉洒满人间。

有意思的是，和李白一样，苏轼也曾被称为"谪仙"，他写下了这首气势恢宏的诗。

冬至日独游吉祥寺

井底微阳①回未回,
萧萧寒雨湿枯荄②。
何人更似苏夫子③,
不是花时肯独来。

① 井底微阳:古人认为阳气从冬至日开始回升,是从井泉之水的变化开始的。
② 荄(gāi):草根,这里指冬日的枯草。
③ 苏夫子:诗人自指。

Visiting Alone the Temple of Auspicious Fortune on Winter Solstice

(1072)

In the depth of the well warmth has not yet come back,
Showers of cold rain have wetted withered grass root.
No one would come to visit the Temple for there lack
Flowers in full bloom, but alone I come on foot.

赏析

吉祥寺是苏轼任杭州通判期间很爱去的一处地方,因为这里的牡丹非常有名。

熙宁五年(1072年),暮春三月,苏轼与杭州太守沈立一起去吉祥寺观赏牡丹,数以万计的杭州百姓也来赴花会。官民同乐,苏轼喝醉了,头上还插着鲜花。苏轼写道:

人老簪花不自羞,花应羞上老人头。

醉归扶路人应笑,十里珠帘半上钩。

苏轼有篇文章《牡丹记叙》,也记录了当时和杭州官民到吉祥寺同赏牡丹的盛景:

"熙宁五年三月二十三日,余从太守沈公观花于吉祥寺僧守璘之圃。圃中花千本,其品以百数。酒酣乐作,州人大集,金盘彩篮以献于坐者,五十有三人。饮酒乐甚,素不饮者皆醉。自舆台皂隶皆插花以从,观者数万人。"

同样是这一年,熙宁五年(1072年)冬至日,苏轼独自去吉祥寺,由于季候不对,自然是没看到牡丹花,他写了以上这首诗以作纪念。

"井底微阳回未回,萧萧寒雨湿枯荄。

何人更似苏夫子,不是花时肯独来。"

古人认为,阳气从冬至日开始回升。但苏轼却有一些犹疑,面对潇潇的冷雨,阳气到底回升了没有呢?

十多天后,苏轼又独自访问吉祥寺,依然没有看到牡丹。他突发奇想，写了一首名为《后十余日复至》的诗留念：

东君意浅著寒梅，千朵深红未暇栽。

安得道人殷七七，不论时节遣花开。

在这个季节，只有寒梅独自开放。春神"东君"还没有来得及对各种各样的花进行剪裁。

传说殷七七是一位能够让花随时开放的神奇道士，苏轼想请他帮忙，让吉祥寺的牡丹在寒冷的冬天开放。

可见，苏轼对吉祥寺的牡丹情有独钟，他想让它不分时节，四时都能开放。

李思训①画长江绝岛图

山苍苍,
水茫茫,
大孤小孤②江中央。
崖崩路绝猿鸟去,
惟有乔木搀天长。
客舟何处来,
棹歌中流声抑扬。
沙平风软望不到,
孤山久与船低昂。
峨峨两烟鬟,
晓镜开新妆。
舟中贾客③莫漫狂,
小姑前年嫁彭郎④。

① 李思训:唐代山水画家,善画山水树石,是中国山水画北派的开山祖师。唐朝宗室,开元间官至右武卫大将军。
② 大孤:大孤山,在江西九江鄱阳湖中。小孤:小孤山,在江西彭泽县古城西北九十里处的长江中。
③ 贾(gǔ)客:商人。
④ 小姑:指小孤山。彭郎:彭浪矶,在小孤山对面。当地民间有彭郎是小姑之夫的传说。

Two Lonely Isles in the Yangtze River
—Written on a Picture Drawn by Li Sixun
(1078)

Below the mountains green
Water runs till unseen;
In the midst of the stream two lonely isles stand high.
Fallen crags bar the way;
Birds and apes cannot stay;
Only the giant trees tower into the sky.
From where comes a sail white?
In mid-stream rises oarsmen's undulating song.
Sand bar is flat, the wind is weak, no boat in sight,
The Lonely Isles sink and swim with the sail for long,
Like mist-veiled tresses of a pretty lass
Using the river as her looking glass.
O merchant in the boat, don't go mad for the fair!
The Lonely Isle and Gallant Hill are a well-matched pair.

---

* The legend went that the God of Gallant Hill and the Goddess of the Lonely Isles were man and wife.

赏析

苏轼会画画，也做了大量评画、题画的诗文。元丰元年（1078年），苏轼在徐州知州任上作此诗。

题中李思训，唐代著名画家，被认为是我国山水画北派的创始人，他是唐朝的宗室，官至右武卫大将军。他的山水画多以青绿胜，宋代《宣和画谱》评其画："皆超绝，尤工山石林泉，笔格遒劲，得湍濑潺湲、烟霞缥缈难写之状。"

苏轼题咏的这幅《长江绝岛图》早已不存，今存《江帆楼阁图》是青绿山水，相传是李思训墨宝，现收藏于中国台北故宫博物院。

一开始是一个全景，画面空阔，"山苍苍，水茫茫，大孤小孤江中央"。接着是特写，更加具体，讲大孤山和小孤山这两座山，"崖崩路绝猿鸟去，惟有乔木搀天长"。"崖崩""路绝"，写出山势险峻，猿猴飞鸟都不得不离去，更强调了险峻的山势。这是苏轼无中生有的妙笔，因为画无法提供给诗人信息，只能靠诗人的想象。"搀天"，直刺苍天的意思，给静穆的乔木以气势和动感，静中有动。

接着从山过渡到江上的小船，从景物到人，"客舟何处来，棹歌中流声抑扬"。这引起了读者的兴趣，从何处来的客舟？谁在唱歌？

"沙平风软望不到，孤山久与船低昂"，读者仿佛和诗人一起，恍若置身画中，登上了客船，水波起落，只见山头忽上忽下，又让人联想起苏轼在《出颍口，初见淮山，是日至寿州》中写的诗句"青山久与船低昂"，一种熟悉的感觉再次涌上心头。

结尾处，苏轼通过一个当地民间故事，将山和客舟，人和景物联系起来，"峨峨两烟鬟，晓镜开新妆。舟中贾客莫漫狂，小姑前年嫁彭郎"。

欧阳修《归田录》有记载："江南有大、小孤山，在江水中巋然独立，而世俗转'孤'为'姑'。江侧有一石矶谓之澎浪矶，遂转为彭郎矶。云'彭郎者，小姑婿也'。"

苏轼以大、小孤山，比喻刚梳妆好的美人发髻，以此劝告船上的商人，不要轻狂放荡，小姑早有伴侣，前年已嫁给彭郎。全诗以此结束，余音袅袅，奇丽浪漫，更加烘托出江山之美。

百步洪[①]二首（其一）

长洪斗落生跳波，
轻舟南下如投梭。
水师绝叫凫雁起，
乱石一线争磋磨。
有如兔走鹰隼落，
骏马下注千丈坡。
断弦离柱箭脱手，
飞电过隙珠翻荷。
四山眩转风掠耳，
但见流沫生千涡。
崄中得乐虽一快，
何异水伯夸秋河。
我生乘化[②]日夜逝，
坐觉一念逾新罗[③]。

[①] 百步洪：又叫徐州洪，在今徐州市东南二里处，为泗水所经，有激流险滩，凡百余步，所以叫百步洪。
[②] 乘化：顺应自然。
[③] 一念逾新罗：一念之间已逾新罗国。逾，超过。新罗，朝鲜半岛古国名。

The Hundred-pace Rapids

(1078)

Leaping waves grow where the long rapids steeply fall,
A light boat shoots south like a plunging shuttle. Lo!
Waterbirds fly up at the boatman's desperate call.
Among jagged rocks it strives to thread its way and go
As a hare darts away, an eagle dives below,
A gallant steed gallops down a slope beyond control,
A string snaps from a lute, an arrow from a bow,
Lightning cleaves clouds or off lotus leaves raindrops roll.
The mountains whirl around, the wind sweeps by the ear,
I see the current boil in a thousand whirlpools.
At the risk of life I feel a joy without peer,
Unlike the god who boasts of the river he rules.
I give in to changes that take place day and night,
My thoughts can wander far away though I sit here.

纷纷争夺醉梦里,
岂信荆棘埋铜驼①。
觉来俯仰失千劫,
回视此水殊委蛇。
君看岸边苍石上,
古来篙眼如蜂窠。
但应此心无所住,
造物虽驶如吾何。
回船上马各归去,
多言譊譊师所呵②。

① 荆棘埋铜驼:比喻世事的变化。出自《晋书·索靖传》:"(靖) 知天下将乱,指洛阳宫门铜驼,叹曰:'会见汝在荆棘中耳。'"
② 譊譊(náo):说个不停。师:参寥。呵:责怪。

Many people in drunken dreams contend and fight.
Do they know palaces 'mid weeds will disappear?
Awakened, they'd regret to have lost a thousand days;
Coming here, they will find the river freely rolls.
If on the riverside rocks you just turn your gaze,
You will see they are honeycombed by the punt-poles.
If your mind from earthly things is detached and freed,
Although nature may change, you'll never be care-worn.
Let us go back or in a boat or on a steed.
Our Abbot will hold this vain argument in scorn.

赏析

这是一次难忘的经历。宋神宗元丰元年（1078年）秋，四十一岁的苏轼，时在徐州任上，他和朋友参廖子等去附近的一处景点百步洪游玩。

苏轼和朋友坐的小船，在急流中像飞梭一样穿过乱石，像狡兔在快跑，像老鹰从空中突然直落，像骏马狂奔在千丈高坡，像离弦之箭，像闪电从缝隙里划过，像露珠突然滚下荷叶。耳边风声不绝，四面群山一晃而过，而周围飞沫四溅，生出无数的漩涡。

这危险中的快乐，被苏轼写到了诗中。

而苏轼也敏感地认识到，人的生命就像百步洪的河水，充满危险、亦真亦幻和转瞬即逝的特性。人只有改变视角，才能在湍流中获得平静的力量，并将快速和匆忙的时间变得缓慢而丰盈。

苏轼指着岸边石头上像蜂巢一样密密麻麻的篙眼，对参寥子说："人生百劫千难，总要过去。如果此心无所执着，造物也无奈我何。"

苏轼的一生，恰好被他早年讲给参廖子的这番话所言中。苏轼不会知道，命运的雷霆之怒在前面等着他。他将要被关，差点被杀，被贬黄州、惠州、儋州。

他的宦海生涯太激烈，太动荡，太戏剧，像在徐州百步洪所乘坐的小船。多年后，苏轼还会想到这次游历吗？想到他写的这首诗，抑或是想到他和参廖子说的这番话吗？

"应无所住，而生其心。"

苏轼年轻时写在《百步洪二首》（其一）里的这句话，正是《金刚经》里的核心宗旨。苏轼熟读佛经，对《金刚经》并不陌生。因而，苏轼多了一份清醒，使他不被权力、金钱等外物所迷惑，也不被现实的苦难和折磨所屈服。一次又一次被贬，是精神的炼狱，也使得苏轼充分认识和领略山川大地，遍看人间百态。

苏轼被贬惠州，暂住在嘉祐寺。一日，他去山上的松风亭游赏。路上，腿酸疲乏，苏轼很想找个地方休息。但松风亭还在远远的高处。是继续攀爬，还是放弃？

苏轼想了一会儿，忽然醒悟，自语道："这里为什么就不能休息呢？为何总想着要到亭子里，才算休息呢？"于是，他得以解脱。

因为放下，因为不再执着，苏轼体验到更美的风景。而他也平静地对待即将到来的死亡。在他弥留之际，朋友维琳方丈仍不忘记提醒他，要多想着西方极乐世界，努力到达那里。而苏轼说："西方不无，着力即差。"

一切都是自然而然的。生是如此，死也是如此，就像苏轼的一生，像水，行于可行之时，停于须止之处。

正月二十日与潘、郭二生①出郊寻春,忽记去年是日同至女王城②作诗,乃和前韵

东风未肯入东门,
走马还寻去岁村③。
人似秋鸿来有信④,
事如春梦了无痕。
江城白酒三杯酽⑤,
野老苍颜一笑温。
已约年年为此会,
故人不用赋招魂。

① 潘、郭二生:苏轼在黄州的朋友潘大临和郭遘。
② 女王城:黄州州治东十五里的永安城,俗称女王城。
③ 去岁村:指诗题中所说去年今日所到过的村子。
④ 有信:有信用。指其秋日南飞,春日北归。
⑤ 酽(yàn):(酒、茶等)很浓。

Seeking Spring

(1082)

Seeking spring with two friends on the 20th day of the 1st lunar month reminded me of the poem written on the same day last year, and I wrote these lines in the same rhymes.

The east wind will not enter the east gate with glee,
I ride to seek the village visited last year.
Old friends still ask autumn swans to bring word to me;
The bygones like spring dreams have left no traces here.
Three cups of strong wine by riverside keep us late;
A smile of the grey-haired countryman warms my heart.
Each year we will meet here on an appointed date,
It's useless for my friends to hasten my depart.

赏析

到黄州之前,苏轼最大的心事是:"黄州岂云远,但恐朋友缺。"但不久,他就认识了住在长江对岸的王氏兄弟。苏轼每次过江去,他们都杀鸡摆酒款待他,聊得晚了,苏轼还经常留宿王家。后来,苏轼又结识了潘丙、潘原、古耕道、潘大临和郭遘等人。他们虽说都是市井之人,但明辨事理,急公好义。苏轼后来在黄州东坡开垦荒地,也多得他们的帮忙。

苏轼这首诗的诗题,就提到这些义气的朋友。"与潘、郭二生",此次陪苏轼游春之人乃是潘大临和郭遘,他们去的地方叫"女王城"。因为去年正月二十日到过女王城,元丰五年的同一天,一批人又约好同往此处,写下此诗,遂成佳话。

"已约年年为此会",苏轼甚至和朋友们约好,每年这一天都来这里。

作家米兰·昆德拉曾说:"有些事只发生一次,而只发生一次的事,根本上就从未发生过,这便是生命中的轻了。"苏轼就是想通过一次又一次的故地重游,来加重彼此生命中的重量。

而苏轼也知道人生的真相:"人似秋鸿来有信,事如春梦了无痕。"

人好像秋天的大雁,来去都会有音信痕迹可寻;过去的事好像一场春梦，了无痕迹。

还能怎样呢？让我们喝该喝的酒，见要见的朋友，微笑着感受当下。

"江城白酒三杯酽，野老苍颜一笑温。"

苏轼也告诉那些在远方挂念他的故人朋友，自己活得没有他们想得那么糟。因为在黄州，他结下了许多份珍贵的友情。正是与这些平民朋友的相处，苏轼享受着当下的温存和快乐。

"已约年年为此会，故人不用赋招魂。"

寒食①雨二首

其一

自我来黄州,
已过三寒食。
年年欲惜春,
春去不容惜。
今年又苦雨,
两月秋萧瑟。
卧闻海棠花,
泥污燕脂雪②。
暗中偷负去,
夜半真有力③。
何殊病少年,
病起头已白。

---

① 寒食:寒食节,旧历清明节的前一天。
② 燕脂雪:指海棠花瓣。
③ 暗中偷负去,夜半真有力:《庄子·大宗师》中有"藏舟于壑,藏山于泽,谓之固矣。然夜半有力者负之而走,昧者不知也",这里用来比喻海棠花谢,好像是有力者夜半负之而走。

Rain at the Cold-food Festival

(1082)

I

Since I came to Huangzhou, I've passed
Three Cold-food days devot'd to fast.
Each year I wish fair spring to stay,
But spring will go without delay.
This year again we suffer from rains,
For two months dreary autumn reigns.
Lying in bed, I smell crab-apple flowers,
Upon whose rouge and snow mud showers.
The rouge has taken stealthy flight,
Borne away by the Strong at midnight.
The snow is like a sick youth's head
Turning white when he's up from his bed

---

* The Cold–food Festival marked the end of the three–day period when families refrained from starting cooking–fires at home. It was also the season when Chinese families visited their ancestral burial mounds. Hence, the reference in the second poem to money paper, which was usually burned on such occasions.

其二

春江欲入户,
雨势来不已。
小屋如渔舟,
濛濛水云里。
空庖煮寒菜,
破灶烧湿苇。
那知是寒食,
但见乌衔纸。
君门深九重①,
坟墓在万里。
也拟哭途穷②,
死灰吹不起。

---

① 君门深九重:宋玉《九辩》中有"岂不郁陶而思君兮,君之门以九重"。九重:宫禁。
② 哭途穷:晋人阮籍每走到一条路的尽头,就会大哭一场。

II

Spring flood is coming up to my gate,
My small cot looks like a fishing boat.
The pouring rain will not abate,
My cot on misty waves will float.
I cook food in a kitchen in decay
And burn wet reeds in a cracked stove.
Who can tell 'tis the Cold-food day
But for the money-paper burned above?
The royal palace has gate on gate;
My household graves far away lie.
At the road's end I'd lament my fate,
But dead ashes blown up cannot fly.

赏析

元丰五年（1082年）三月寒食节，苏轼在黄州写下这两首诗。

苏轼被贬到此，已经两年多了，何时是一个尽头？苏轼并不知道。贬谪是没有一定期限的惩罚，有人终生不得起复。"卧闻海棠花，泥污燕脂雪。"

海棠，是苏轼家乡的花。在宋朝，四川是海棠栽培的主要地区。北宋文人宋祁在《益州方物略记》里曾经赞誉："蜀之海棠，诚为天下奇艳。"宋代沈立在《海棠记序》中更将蜀中海棠与牡丹并列："蜀花称美者，有海棠焉。……尝闻真宗皇帝御制后苑杂花十题，以海棠为首章，赐近臣唱和，则知海棠足与牡丹抗衡，而可独步于西川矣。"

如今在黄州，苏轼内心恐惧，好像被暴雨打落、凋零在污泥里的海棠。

"暗中偷负去，夜半真有力"，典出《庄子·大宗师》中的"夫藏舟于壑，藏山于泽，谓之固矣。然而夜半有力者负之而走，昧者不知也"。典故的意思是把船藏在山谷里，把山藏在深泽中，可以说十分牢固了。但半夜里却有力大无穷的人把它们背走了，而昏昧的人犹在睡梦中还不知道呢。

苏轼借这个典故是在悲叹：时间在不知不觉中流走，而自己有限的年华也变成一片荒芜。

而下一首诗，苏轼更加绝望。雨势凶猛，长江暴涨，风雨飘摇之中，他的小屋如一叶小舟，仿佛随时会被冲走。

"空庖煮寒菜，破灶烧湿苇。那知是寒食，但见乌衔纸。"看见"乌衔纸"，艰难生活的苏轼才恍然大悟：今天是寒食节。

又是祭祖、扫墓的日子。在这满目萧条和凄凉之中，苏轼喊出了："君门深九重，坟墓在万里。"君王的宫门有九重，深远难以去到，祖上的坟茔遥隔万里，不能吊祭。

儒家士大夫的一员以侍奉君王和奉养父母为两大责任。但两者对苏轼来说，都不可得。

"也拟哭途穷，死灰吹不起。"这是苏轼绝望的哀叹，是一个生命在时间和环境重压下的无奈和绝望。

但苏轼仍然从困境中走了出来。因此，元丰五年，对苏轼来说是意义重大的一年。所以，不要老说苏轼如何旷达，他也有最悲痛、最无助、最绝望的时刻。重要的是，他完成了生命的超越。这不容易做到。

如今，苏轼已去，他的《寒食雨二首》手书墨迹尚存世间，在书画界通称《寒食帖》，现藏中国台北故宫博物院，是所有中国人引以为傲的国宝。

海棠

东风袅袅泛崇光[①],
香雾空蒙月转廊。
只恐夜深花睡去,
故烧高烛照红妆[②]。

① 崇光:华美的光泽,指春光。
② 红妆:用美女比海棠。

Crab-apple Flower

(1084)

The flower in east wind exhales a tender light
And spreads a fragrant mist when the moon turns away.
I am afraid she'd fall asleep at dead of night;
A candle's lit to make her look fair as by day.

赏析

这首题为《海棠》的诗,作于公元1084年,当时已是苏轼被贬黄州的第四个年头。这首诗里,他把海棠花写得很美,和《寒食雨二首》里"泥污燕脂雪"的海棠花完全两个模样。

首句,"东风袅袅泛崇光。""东风"即春风。"袅袅",形容春风的吹拂之态。"泛崇光",表现出海棠花的高贵。

"香雾空蒙月转廊","香雾",这应是指海棠的香气,在月光下,更显空灵、朦胧。"月转廊",即月亮已转过回廊那边去了,照不到这海棠花了。一个"转"字,富有动感,也为下文诗人的举动做了铺垫。

"只恐夜深花睡去,故烧高烛照红妆。"因为有"转",所以有"只恐"。彼时夜已深,月亮不见,苏轼还想点燃"高烛",再看看海棠的美。"高烛"可以燃烧很久,苏轼因此可以看上相对更久的时间。

这是一份执着,一份深情。

"海棠春睡",还涉及一个典故。据北宋释惠洪在《冷斋夜话》中记载,唐明皇登沉香亭,召太真妃,于时卯醉未醒,命高力士使侍儿扶掖而至。妃子醉颜残妆,鬓乱钗横,不能再拜。明皇笑曰:"岂妃子醉,直海棠睡未足耳!"

于是,后代的文学作品中常以海棠指代杨玉环,后发展为以海棠花比喻美人。"海棠春睡",也成为后代无数诗人、画家不断吟咏描绘的题材。

  《红楼梦》里,十二正钗里,海棠花是史湘云的象征。《红楼梦》第六十三回"寿怡红群芳开夜宴,死金丹独艳理亲丧",众美人抽"象牙花名签子",宝钗抽的是牡丹,探春抽的是杏花,而史湘云抽到的正是海棠花。"湘云笑着,揎拳掳袖的伸手掣了一根出来。大家看时,一面画着一枝海棠,题着'香梦沉酣'四字,那面诗道是:'只恐夜深花睡去。'"可见,作家曹雪芹对苏轼的这首《海棠》诗也很熟。

题西林①壁

横看成岭侧成峰,
远近高低各不同。
不识庐山真面目,
只缘身在此山中。

① 西林:西林寺,又称乾明寺,位于江西庐山七岭之西。

Written on the Wall at West Forest Temple

(1084)

It's a range viewed in face and peaks viewed from the side,
Assuming different shapes viewed from far and wide.
Of Mountain Lu we cannot make out the true face,
For we are lost in the heart of the very place.

---

* In the third month of this year, the poet was ordered to move to Ruzhou in Henan, an indication that his sentence had been lightened and he was free to move beyond the confines of Huangzhou. Before proceeding to Ruzhou, he crossed the Yangzi River and travelled south to visit his brother.

赏析

元丰七年（1084年）春天，苏轼得到宋神宗特赦，授封检校尚书水部员外郎、汝州团练副使。他离开了谪居四年多的黄州，途中去看望弟弟苏辙，并游览庐山。

苏轼的《记游庐山》说，他自己"仆初入庐山，山谷奇秀，平生所未见，殆应接不暇。遂发意不欲作诗。"不料上了山，僧人百姓看到他，都说："苏子瞻来了！"这使得苏轼诗兴一发，破了戒，做了《初入庐山三首》：

"青山若无素，偃蹇不相亲。要识庐山面，他年是故人。

自昔怀清赏，神游杳霭间。如今不是梦，真个在庐山。

芒鞋青竹杖，自挂百钱游。可怪深山里，人人识故侯。"

苏轼觉得，自己不是和庐山见一面就能了解的，还需假以时日才能成为"故人"。他走在庐山，充满惊讶，不敢相信自己真在庐山了，"如今不是梦，真个在庐山"。

《记游庐山》中，苏轼还提到，有人把陈令举所作的《庐山记》寄给他看，他看见其中提到徐凝、李白赞咏庐山瀑布的诗，不由觉得好笑，就作了一首绝句：

"帝遣银河一派垂，古来惟有谪仙辞。飞流溅沫知多少，不与徐凝洗恶诗。"

苏轼想说，既然有李白"飞流直下三千尺，疑是银河落九天"好诗在前，却偏出来个徐凝的"千古长如白练飞，一条界破青山色"的诗描写庐山瀑布，自以为绝唱，这不是贻笑大方吗?

苏轼在庐山"往来山南北十余日",认为漱玉亭、三峡桥是绝胜之景,写了两首诗作为纪念。而当他和庐山东林寺常总禅师同游西林寺时,写下了这首《题西林壁》。苏轼说:"仆庐山诗尽于此矣。"

这句话颇值得玩味。苏轼觉得,他写庐山的诗,以及对庐山的认知,都在这首诗里了。

人对一件事物的认识,往往都是从自身出发,难免陷入"我执",看不清事物的真相。以庐山为例,每个人眼里的庐山也不一样。要想全面真实地认识庐山,谈何容易。苏轼在庐山待了数十日,正是感受到了这种困境和局限,并诚实地写下来:"不识庐山真面目,只缘身在此山中。"

只有离开庐山,才能认识庐山。只有走出小我的主观世界,才能看到事物本身的真相。就像苏轼在《超然台记》中写的:"彼游于物之内,而不游于物之外。物非有大小也,自其内而观之,未有不高且大者也。彼挟其高大以临我,则我常眩乱反复,如隙中之观斗,又焉知胜负之所在。是以美恶横生,而忧乐出焉,可不大哀乎!"

写庐山,亦是写人生。苏轼游览庐山,亦是感受庐山带给他的人生启悟。

次荆公①韵

骑驴渺渺入荒陂②,
想见先生未病时。
劝我试求三亩宅③,
从公已觉十年迟。

---

① 荆公:王安石。王安石这一首原诗是:"北山输绿涨横陂,直堑回塘滟滟时。细数落花因坐久,缓寻芳草得归迟。"
② 陂(pí):山旁。这里荒陂指王安石的居处。
③ 劝我试求三亩宅:王安石约苏轼也来金陵居住,彼此结邻终老。

Reply to Wang Anshi, Former Prime Minister

(1084)

Riding an ass, I come from afar to visit you,
Still imagining you as healthy as I knew.
You advise me to buy a house at your next gate,
I'd like to follow you, but it is ten years late.

赏析

这诗是元丰七年（1084年），苏轼和王安石之作。

荆公就是王安石，他曾经是苏轼的政敌。这两位都是历史上赫赫有名的人物，可在政治上彼此敌对。苏轼反对王安石变法，王安石也一直对苏轼加以排斥。

后来，王安石痛心于新法被小人玩弄，早已脱离自己的设想，于是辞去官职，退隐南京。而此时的苏轼，经过"乌台诗案"、被贬黄州后，获朝廷恩释。他在江淮一带漂泊，路过南京，想去拜访王安石。

王安石大病初愈，听说苏轼到了南京，早就按捺不住，骑着驴子，到江边来访苏轼。苏轼来不及戴帽子，迎上前去，作揖抱愧说："我今日穿着村野衣服来见大丞相了。"王安石笑着说："礼法难道是为我们这样的人而设的吗？"两人相视大笑。

王安石和苏轼，曾经误会重重，隔阂很深。他们之间的矛盾，也不是为了一己之私，而是因为各自的政治出发点和看法不同。他们都希望有一个富强的国家，百姓能安居乐业。他们对彼此的才气、学问和人品也都非常欣赏。如今时过境迁，南京相见，他们冰释前嫌，成了朋友。

一连数日，两人朝夕相见，饮食游乐，都在一起，仿佛要把从前浪费的时光弥补回来。王安石劝苏轼在南京买点儿田地，寻一所住宅住下，和自己做邻居。这让苏轼非常感动。他写下这首诗。

"从公已觉十年迟。"

这缘分，要是再早十年到来就好了。十年间，苏轼经历了许多人生风雨，他对王安石新法的认识更深入、更全面了。他越来越觉得，王安石变法虽有缺憾，但也有很多可取之处，他理解王安石的苦心了。

如今的苏轼，还有心事未了。他看到眼前这个老人，曾经在政坛呼风唤雨，却始终没有被权力和金钱扭曲本色，心中充满敬佩。他们彼此郑重告别。王安石后来长叹："不知更几百年，方有如此人物！"

归宜兴,留题竹西寺①三首(其三)

此生已觉都无事,
今岁仍逢大有②年。
山寺归来闻好语③,
野花啼鸟亦欣然。

① 竹西寺:在扬州。
② 大有:丰收。
③ 好语:好消息。指常州人为苏轼买田的书信。

Written in Zhuxi Temple on My Way Back to Yixing[①]

(1085)

The crop still bears a plentiful harvest this year,
I feel myself already free from worldly care.
On my way back from the Temple good news I hear,
Even wild flowers and song birds have a cheerful air.

[①] This poem was written at Yangzhou when the old emperor died and the new emperor ascended the throne. The poet was again exiled for the third line of this poem.

赏析

元丰八年（1085年）二月，苏轼量移汝州，途中向朝廷申请退休获批准，始从扬州归休宜兴。时宋神宗刚死不久。苏轼一方面为神宗的死感到沉痛和哀戚，另一方面又为自己终于结束漂泊无定的政治生涯而感到喜悦。

"十年归梦寄西风，此去真为田舍翁。

剩觅蜀冈新井水，要携乡味过江东。"

这三首小诗中的第一首写苏轼刚走入政坛，就有一种离家的感觉，这种感觉一直伴随他。"吾归何处，万里家在岷峨。"如今他还是回不了四川的眉山老家，只能将归梦寄于西风了，所以首句就说"十年归梦寄西风"。一开始，苏轼的情绪比较低落。

但归隐常州宜兴，他也满足了。他在黄州就有过躬耕的经历，"我在东坡下，躬耕三亩园"。如今居住常州，买了宜兴的田产，他真要做一个地地道道的农民了，"此去真为田舍翁"。

接下来，"剩觅蜀冈新井水，要携乡味过江东。"苏轼还要取一点儿扬州竹西寺后山岗的井水，带着它渡过长江去，因为这井水与四川老家的味道非常相似。

一方面是"新井水"，一方面是旧的"乡味"，新和旧并不矛盾，而是和谐共处，合二为一。江东就是宜兴，从扬州去宜兴要渡过长江。

第二首诗是写苏轼小憩的情景。

"道人劝饮鸡苏水,童子能煎莺粟汤。

暂借藤床与瓦枕,莫教辜负竹风凉。"

在扬州竹西寺,时值盛夏,天气很热,道士和童子殷勤款待他。"道人劝饮鸡苏水,童子能煎莺粟汤。"

而苏轼走累了,就在寺庙中小憩,"暂借藤床与瓦枕,莫教辜负竹风凉"。

第三首,诗人的情绪高扬起来。

"此生已觉都无事,今岁仍逢大有年。"这次归隐,苏轼很满足了,只要收成好,他就觉得一切都充满希望,充满欢乐,"野花啼鸟亦欣然"。

但其中一句,为苏轼带来了麻烦。后来元祐年间,御史以"山寺归来闻好语"弹劾苏轼,说他听到宋神宗驾崩,幸灾乐祸,大逆不道,应该重罪惩罚。苏轼申辩,是自己听到百姓夸奖新皇帝而感到高兴。

这就是北宋的文字狱。欲加之罪,何患无辞。

惠崇春江晚景二首①

其一

竹外桃花三两枝,
春江水暖鸭先知。
蒌蒿满地芦芽短②,
正是河豚③欲上时。

其二

两两归鸿欲破群,
依依还是北归人。
遥知朔漠多风雪,
更待江南半月春。

---

① 惠崇:亦为慧崇,福建建阳僧,宋初九僧之一,能诗能画。《春江晚景》为惠崇所作,共两幅,一为鸭戏图,一为飞雁图。
② 蒌蒿:草名,有青蒿、白蒿等种。芦芽:芦苇的幼芽,可食用。
③ 河豚:鱼的一种,学名"鲀",肉味鲜美,但是卵巢和肝脏有剧毒。

River Scenes on a Spring Evening Written to Accompany Two Pictures Drawn by Monk Huichong

(1085)

I

Behind bamboo two or three sprays of peach-tree grow,
When spring has warmed the stream, ducks are the first to know.
The land o'verrun by weeds and water studd'd with reeds,
It is time when globefish to swim upstream proceeds.

II

Returning wild geese from the flock would break away,
North-going wayfarers are reluctant to go.
Knowing from afar the desert's still covered with snow,
For half a month more in the South they would fain stay.

赏析

此组诗是苏轼于神宗元丰八年（1085年）为僧人惠崇所绘的两幅《春江晚景》所写的题画诗。原画已失。

惠崇是宋初九僧之一，能诗会画，苏轼晚于他所在的时代。

第一首，从苏轼的诗推断，惠崇的画上有：初绽放的桃花，春天绿色的江水，水上嬉戏的鸭子，繁茂的蒌蒿，短短的芦芽。

"春江水暖鸭先知。"鸭子感受到水温的变化，预示着春天来了。画家捕捉到了这个细节，而苏轼也读懂了画家的心意。

最后一句，"正是河豚欲上时"，不是画上所有，而是苏轼从画联想而来。

这便是题画诗的魅力，不仅反映画上所有，也能传达出画上所无，而一切又是那么自然、妥帖。这为画添加了情趣，也使得情节跌宕生姿。

"欲上"很有意思，该上来、该出现的都已经出现，但河豚还没上来。竟然还有河豚？我们差点忘了。

河豚使得诗中提到的桃花、鸭子、蒌蒿、芦芽，都成了配角，就像《红楼梦》里王熙凤的出场，最重要的角色总是最后上来。一上来，就要惊艳众人。

苏轼是个美食家，他不仅好吃，而且会做，曾自创诸多美食。他也喜欢吃河豚。在常州,他曾经对河豚的美味发出感叹,写过一首诗:"粉红石首仍无骨,雪白河豚不药人。寄语天公与河伯,何妨乞与水精鳞。"据说他还冒死吃过一次河豚,吃后狠狠说道:"也值一死。"

第二首,惠崇可能绘的是"飞雁图"。苏轼从一群北飞的大雁中,发现有几只差点掉队。他想,它们一定是不舍这南方春天的美景,不想回到多风雪的北方沙漠去。"遥知朔漠多风雪,更待江南半月春。"

赠刘景文 ①

荷尽已无擎雨盖,
菊残犹有傲霜枝。
一年好景君须记,
正是橙黄橘绿时。

① 刘景文:刘季孙,字景文,工诗,时任两浙兵马都监,驻杭州。苏轼视他为国士,曾上表推荐,并以诗歌唱酬往来。

To Liu Jingwen

(1090)

Lotuses put up no umbrellas to the rain;
Yet frost-proof branches of chrysanthemum remain.
Do not forget of a year the loveliest scene:
When oranges are yellow and tangerines are green.

---

* Written at Hangzhou, where the poet had been appointed governor the year before. Liu Jingwen (1033–1092) was an elderly official whom the poet came to know in Hangzhou.

赏析

此诗作于宋哲宗元祐五年（1090年）苏轼任杭州知州时期。刘景文，北宋大将刘平之子，时任两浙西路都监。苏轼在杭州见到刘景文时，刘景文已五十八岁。苏轼视他为国士，曾向朝廷竭力举荐。不想只过了两年，刘景文就死去了。

诗歌起首第一句，就向人们宣告，盛大的夏天过去了。既看不到杨万里在《小池》"小荷才露尖尖角，早有蜻蜓立上头"中描写的景象，也看不到北宋周邦彦的《苏幕遮》中"叶上初阳干宿雨，水面清圆，一一风荷举"的风景，我们只能看到"荷尽已无擎雨盖"，"尽"和"无"，加深了秋天的凋敝：枯败的荷叶再也举不起绿伞，遮风挡雨。

接下来，苏轼把描写的笔触，从荷花过渡到菊花，看来秋天也过完了。作为秋天独擅其场的菊花，它此时也已残破，但枝还能傲霜挺立。相比荷花，它还没有完全被打败。

当夏天和秋天都已经结束，冬天将向我们展示什么景色呢？是一片凋敝，生命枯萎的冬天吗？

不，苏轼说："一年好景君须记，正是橙黄橘绿时。"苏轼非常喜欢橘子，他的一首《浣溪沙·咏橘》可以作证：

"菊暗荷枯一夜霜。新苞绿叶照林光。竹篱茅舍出青黄。

香雾噀人惊半破，清泉流齿怯初尝。吴姬三日手犹香。"

这是一个跳动着多彩颜色、生机盎然的冬天。冬天仍然充满希望，充满激情。五十八岁的刘景文正走向人生的冬天吗？苏轼也在说自己？

自然有四季，人也有春夏秋冬。当苏轼在初冬写下这首诗，也应意识到自己已到了人生的秋冬时刻。人有时候总是伤春悲秋，感慨年华老去，但有时候转变视角，严冬就会像冰雪一样熠熠生辉。

"一年好景君须记，正是橙黄橘绿时。"

当夏天、秋天都已经过去，在大自然留下的一片枯寂凄冷的世界里，眼前突然又出现这样炫目的色彩，我们难道不为之震撼，为之感动吗？

大自然满怀信心，让人心生敬畏。我们不妨领受它带给我们的一切。

纵笔

白头萧散满霜风①,
小阁②藤床寄病容。
报道先生春睡美,
道人③轻打五更钟。

① 霜风:形容头发披离。
② 小阁:在惠州时住的嘉祐寺房舍。
③ 道人:寺中僧人。

An Impromptu Verse Written in Exile

(1097)

Dishevelled white hair flows in the wind like frost spread,
In my small study I lie ill in a wicker bed.
Knowing that I am sleeping a sweet sleep in spring[①],
The Taoist priest takes care morning bells softly ring.

---

① The poet was exiled farther south for the 3rd line.

赏析

绍圣四年（1097年）二月，苏轼在惠州白鹤峰下建成新居。古代盖房子是大事，上梁时，总要念一些吉庆的上梁文，来表达祝颂美好之意，念起来像歌唱。同时，主人会拿着一些果子、花生、红枣之类的东西往四方抛掷，作为祈福。在场的人为了沾一些喜气，纷纷争抢，也使得场面更显热闹喜庆。

苏轼在盖房子时，也写了《白鹤新居上梁文》。其中，有一句是："儿郎伟，抛梁东，乔木参天梵释宫。报道先生春睡美，道人轻打五更钟。"后两句与这一首《纵笔》诗相同，当是同时之作。

"白头萧散满霜风，小阁藤床寄病容。"

诗的一开始，就勾画了一个白发稀疏、饱经风霜、疾病缠身的老年苏轼的形象。"寄病容"，苏轼喜欢用"寄"字来描述人生。人生如寄，因为我们是世上的过客，所以我们看待人生不必那么固执。今天，我苏轼可以寄身于南方的惠州，在小阁和藤床之上。明天，我苏轼可能又去了另外的地方，命运有一张看不见的手拨弄着苏轼，也拨弄着所有人。

于是，苏轼认为不如安闲自在，对一切淡然处之。

"报道先生春睡美，道人轻打五更钟。"

无论顺境，还是逆境，苏轼都睡得着，不仅睡得着，还能睡得美。

被贬黄州,苏轼不忍心踏碎如琼瑶美玉般的水中月亮,解鞍席地而眠,收获了一个美好的春觉:

照野弥弥浅浪,横空隐隐层霄。障泥未解玉骢骄,我欲醉眠芳草。

可惜一溪风月,莫教踏碎琼瑶。解鞍欹枕绿杨桥,杜宇一声春晓。

被贬惠州,苏轼也有一个美好的春觉,连寺中的僧人都受到他的影响,轻轻地敲打晨钟,以免惊醒他。

据南宋曾季狸《艇斋诗话》说这诗给当时的宰相章惇看到了,他认为苏轼被贬到惠州还这么安逸——"春睡美",怒而再把他贬往更南、更苦的海南。

真是人生如寄。不过请相信:苏轼到了海南,还会继续睡得着,睡得好。

被酒①独行,遍至子云、威、徽、先觉四黎②之舍

其一

半醒半醉问诸黎,
竹刺藤梢步步迷。
但寻牛矢③觅归路,
家在牛栏西复西。

其二

总角黎家三四童,
口吹葱叶④送迎翁。
莫作天涯万里意,
溪边自有舞雩⑤风。

---

① 被酒:带醉,刚喝过酒。
② 子云、威、徽、先觉四黎:苏轼在当地的四位黎姓好友。
③ 牛矢:牛粪。
④ 口吹葱叶:吹葱是一种儿童游戏。
⑤ 舞雩:祈雨舞蹈。

Drunken, I Walk Alone to Visit the Four Lis[①]

(1099)

I

Half drunk, half sober, I ask my way to the four Lis,
Bamboo spikes and rattan creepers tangle before me.
I can but follow the way where cow turds are spread,
And find their houses farther west of cattle shed.

II

Three or four children of the Lis with their hair tressed,
Blowing green onion pipes, welcome me the old guest.
Do not seek happiness to the end of the earth!
By the side of the brook you'll find genuine mirth.

---

① Written in exile on Hainan Island. Two poems out of three are chosen for this collection.

赏析

元符二年（1099年），苏轼被贬谪到海南儋州的第三年，六十四岁的他已经是一个名副其实的老人了。当时的海南山高水远，物产匮乏，但苏轼仍然自得其乐，超然物外，在写给朋友的一封信里说道："尚有此身，付与造物者，听其运转，流行坎止，无不可者，故人知之，免忧煎。"

怀着这种以顺处逆的达观心态，苏轼盖房子，开垦菜园，挖粪坑，修水渠，在当地劝学，劝农，带头挖水井，兴办学校，和当地的黎族人民打成一片，再次完全融入了他乡海南的乡村生活。

这组诗的诗题中，子云、威、徽、先觉四人都是黎族人，皆姓黎，故称"四黎"，是苏轼在儋州的朋友。

这所有的一切，让苏轼有一种在家的感觉。他半生漂泊无定，离故乡眉山越来越远，而他自己买田置地的宜兴也不知道何时才能回去，此时的海南儋州就是他的家了。

"半醒半醉问诸黎，竹刺藤梢步步迷。

但寻牛矢觅归路，家在牛栏西复西。"

苏轼访友归来，酒意未醒，想回家，却不认识路，只好沿着有牛粪的路走，因为他知道自己的家就在牛栏的西边。

"总角黎家三四童，口吹葱叶送迎翁。""翁"，就是苏轼。苏轼真正地和当地的黎族人打成一片，不仅和"诸黎"要好,连小孩都和他亲密无间。

"莫作天涯万里意,溪边自有舞雩风。"

苏轼被贬去的是天涯海角的海南。但经历了这么多磨难后,他说:"不要感到自己是浪迹天涯、身行万里的旅客,小溪的边上也可以乘风纳凉,就好像孔子的弟子曾点,在舞雩台上迎风乘凉,然后唱着歌回家一样。"

一次次地被贬,没有将苏轼打垮。他真正成为一个四海为家、随遇而安、心胸旷达的人。

纵笔三首（其一）

寂寂东坡一病翁，
白须萧散满霜风。
小儿①误喜朱颜在，
一笑那知是酒红。

① 小儿：指苏轼第三子苏过。

An Impromptu Verse Written by the Seaside

(1099)

The lonely Master of Eastern Slope lies ill in bed,
Dishevelled white hair flows in the wind like frost spread.
Seeing my crimson face, my son is glad I'm fine,
I laugh for he does not know that I have drunk wine.

---

* One poem out of three is chosen for this collection.

赏析

宋哲宗元符二年（1099年），苏轼由广东惠州再贬海南儋州，时已六十四岁，且病魔缠身，正处于"食无肉，居无室，病无药，出无友"的困境。《纵笔三首》即作于此时。这里所选的是其中的第一首。

此诗描写了诗人一个非常琐碎的生活片段，但幽默风趣，一波三折。

首句，让人神伤，"寂寂东坡一病翁"。

苏轼自号"东坡居士"，可他为什么在诗中却以"寂寂"二字冠之？苏轼明白，曾经再光芒万丈，再挥斥方遒，如今的东坡居士也已成为一个苍颜白发、久病缠身、寂寂无闻的老翁。

接下来，"白须萧散满霜风"，苏轼更加具体地描绘自己如今的样貌。

"萧散"，这个词苏轼很喜欢用。比如两年前，苏轼还在惠州时，曾做过一首诗："白头萧散满霜风，小阁藤床寄病容。报道先生春睡美，道人轻打五更钟。"而苏轼评价魏晋书法时也说："予尝论书，以谓锺、王之迹，萧散简远，妙在笔画之外。"苏轼还有诗云："左手持蟹螯，举觞瞩云汉。天生此神物，为我洗忧患。山川同恍惚，鱼鸟共萧散。客至壶自倾，欲去不得闲。"

在苏轼的字典里，"萧散"不是一个负面词。苏轼曾雄心万丈，才华横溢，为国为民做了许多的事。而他也三度被贬，遭受很多磨难，到老年，他越来越体会到"萧散"的可贵。

人在现实中有太多的束缚，太多的牵挂，太多的欲望，苏轼借着"萧散"而重获心灵的自由。

最后两句："小儿误喜朱颜在，一笑那知是酒红。"

因为饮酒，苏轼衰老的脸上显出"朱颜"的红色，孩子误会了他的年轻，他为此得意不已。

苏轼是一个幽默的人，在不如意的逆境之中，他也能自得其乐，不忘开自己一个玩笑。

幽默让苏轼的内心更加强大。但苏轼的幽默，不容易学习，也不容易效仿。因为幽默是一种成熟的从容，是思想深刻的标志和象征。幽默，是超脱一切僵化的观念、习俗、身份、思想，并把它们付之一笑。

澄迈驿通潮阁二首①

其一

倦客愁闻归路遥,
眼明飞阁俯长桥。
贪看白鹭横秋浦,
不觉青林没晚潮。

其二

余生欲老海南村,
帝遣巫阳招我魂②。
杳杳天低鹘没处,
青山一发是中原。

① 澄迈驿:设在澄迈县(今海南省北部)的驿站。通潮阁:一名"通明阁",在澄迈县西,是驿站上的建筑。
② 帝:天帝。巫阳:古代女巫名。《楚辞·招魂》中有"帝告巫阳曰:'有人在下,我欲辅之。魂魄离散,汝筮予之。'(巫阳)乃下招曰:'魂兮归来!'"。这里借天帝以指朝廷,借招魂以指召还。

The Tide Pavilion at Chengmai Post[1]

(1100)

I

A tired wayfarer's sad his home is far away,
Seeing a pavilion o'er a bridge on his way.
I admire white egrets crossing autumn riverside,
Unaware the green woods are drowned in evening tide.

II

I'd end my life in the village by the South Sea,
The Celestial Court sends a witch to recall me.
Far, far away birds vanish into the low skies,
Beyond a stretch of blue hills the Central Plain lies.

---

[1] Written in Hainan Island when the poet was about to take the boat for the mainland.

赏析

元符三年（1100年），哲宗去世，徽宗继位，政局为之一变，原来受到贬斥的元祐党人重新被起用，已死的追复原官，未死的逐渐内迁。六十五岁高龄的苏轼亦于是年五月奉命内迁廉州（州治在今广西合浦市）。这两首诗，即作于他离开儋州之前。

第一首诗是讲登澄迈驿通潮阁所见情景。"倦客愁闻归路遥"，倦客就是苏轼。旅途漂泊，让人倦怠。而听到路途遥远，更让人发愁。

接下来，"眼明飞阁俯长桥。"突然出现的一座飞檐的楼阁，让人眼前一亮，它俯视着跨水长桥，这是诗人心情的主观变化，也使得诗歌的色调由暗淡变得明亮了。接下来，诗人更加沉浸其中，他的目光又被白鹭吸引，"贪看白鹭横秋浦"，好一个"贪"字。因为贪看，他忘记了时间，"不觉青林没晚潮"。

有意思的是，诗人没有写白鹭"飞"于秋浦之上，而是"横"于其上，一方面可能是上一句有"飞"阁在前，再用会变得重复，另一方面也是化动为静，表达了诗人没有感觉到时间的逝去。楼阁不飞而飞，白鹭飞而停滞。

第二首诗着意在抒情。

苏轼被贬海南以后，真的是打算在此度过余生了，"余生欲老海南村"。然而，转机来了，"帝遣巫阳招我魂"。

岂止是诗人的魂,所有"元祐党人"的魂都期待着被召唤回去。

正如诗中的鹰隼,那样归心似箭,"杳杳天低鹘没处,青山一发是中原"。苏轼极目北眺,在那最远的地方,便是中原!

"青山一发",作为一个成语,意思是青山极其遥远,远望,轮廓如发丝。而这也象征了苏轼的情思。情思宛如发丝,它细微、缠绵、悠长,"牵一发而动全身",牵动苏轼长久以来无数的期待和想念。

过岭

七年来往我何堪,
又试曹溪一勺甘。
梦里似曾迁海外,
醉中不觉到江南。
波生濯足鸣空涧,
雾绕征衣滴翠岚。
谁遣山鸡忽惊起,
半岩花雨落毵毵。

Passing the Ridge

(1100)

How could I bear journeys to and fro for seven years!
Again I taste sweet water in the Crooked Stream.
With drunken eyes I see the Southern land appears;
My exile by the seaside seems but like a dream.
Waves roaring in the gully can still wash my feet;
Mist dripping like green drops moistens a wayfarer's frock.
As I pass by, a pheasant startled flies so fleet
That flowers fall in showers over half the rock.

赏析

这首诗作于元符三年（1100年），宋哲宗去世，宋徽宗继位，大赦天下，苏轼得以北迁，离开海南。

苏轼曾于1094年被贬官惠州时路过大庾岭，1100年被赦北归时又经过这里，正好七年。人生没有几个七年，这值得好好总结。

苏轼是这么总结的：这七年，非常不堪，但又好像不过一场梦，像喝醉酒，朦朦胧胧又回来了。濯足在水里，征人的衣裳被雾气缭绕，空翠欲滴，即使惊起一群山鸡，也不过使得半岩的花雨纷纷坠落。

这样的豁达气概，让人不禁想起苏轼晚年曾在《自题金山画像》中写下的："心似已灰之木，身如不系之舟。问汝平生功业，黄州惠州儋州。"

图书在版编目（CIP）数据

许渊冲译苏东坡诗词：汉、英 / 许渊冲译；湘人彭二编选. -- 北京：中译出版社, 2024.7
ISBN 978-7-5001-7820-0

Ⅰ. ①许… Ⅱ. ①许… ②湘… Ⅲ. ①苏轼（1037-1101）－诗词研究－汉、英 Ⅳ. ①I207.2

中国国家版本馆CIP数据核字（2024）第067454号

许渊冲译苏东坡诗词
XU YUANCHONG YI SU DONGPO SHICI

出版发行	中译出版社
地　　址	北京市西城区新街口外大街28号普天德胜大厦主楼4层
电　　话	(010)68359719
邮　　编	100088
电子邮箱	book@ctph.com.cn
网　　址	http://www.ctph.com.cn

出 版 人	乔卫兵
总 策 划	刘永淳
责任编辑	刘香玲
特约编辑	张　旭　赵婷婷
文字编辑	吕文轩　王婷婷　张佳萱
营销编辑	黄彬彬

封面制作	刘　哲　王　珏
内文制作	黄　浩　冯　兴
印　　刷	中煤（北京）印务有限公司
经　　销	新华书店

规　　格	840 mm×1092 mm　1/32
印　　张	10
字　　数	240千
版　　次	2024年7月第1版
印　　次	2024年7月第1次

ISBN 978-7-5001-7820-0　定价：59.00元

版权所有　侵权必究

中译出版社